Jürgen Brater
Bier auf Wein, das lass sein!

SERIE
PIPER

Zu diesem Buch

»Lies nicht bei schlechtem Licht, sonst verdirbst du dir die Augen!«, »Bier auf Wein, das lass sein«, »Der Schlaf vor Mitternacht ist der gesündeste« und »Karotten sind gut für die Augen« – jeder von uns hat solche Ratschläge und Sprüche tausendmal gehört oder gibt sie selbst von sich. Und kein Mensch fragt sich, ob das eigentlich stimmt, was uns da dauernd erzählt wird. Außer Jürgen Brater, der den Wissensschatz des gemeinen Volks auf seinen Wahrheitsgehalt abgeklopft hat und zu unserer grenzenlosen Erleichterung vermeldet: Das meiste davon ist Quatsch. Wir sterben nicht von drei oder sieben Hornissenstichen, dürfen ab jetzt ohne Angst vor Pickeln Schokolade essen und auch gefahrlos einen Schlafwandler ansprechen. Ein vergnüglicher Rundumschlag gegen die unsinnigsten Weisheiten und Regeln, die uns schon immer genervt haben.

Jürgen Brater, geboren 1948, schloss sein Studium der Medizin und Zahnmedizin mit der Promotion ab und praktizierte bis 1996 in eigener Niederlassung. Seitdem ist er als Seminarleiter in der Aus- und Weiterbildung medizinischer Fachkräfte sowie als Fachautor tätig und schreibt auch populäre medizinische Bücher. Von ihm erschienen unter anderem »Lexikon der rätselhaften Körpervorgänge«, »Generation Käfer« und »Kuriose Welt in Zahlen«.

Jürgen Brater

Bier auf Wein, das lass sein!

Kleines Lexikon der unsinnigen Regeln und Ermahnungen

Ein Eichborn.
Lexikon

Piper München Zürich

Von Jürgen Brater liegen bei Piper im Taschenbuch vor:
Lexikon der rätselhaften Körpervorgänge
Bier auf Wein, das lass sein!
Kuriose Welt in Zahlen

Taschenbuchsonderausgabe
Piper Verlag GmbH, München
Februar 2008
© 2004 Eichborn AG, Frankfurt am Main
Umschlaggestaltung: Cornelia Niere, München
Umschlagfoto: Roland Werner
Satz: Fuldaer Verlagsanstalt, Fulda
Druck und Bindung: Clausen & Bosse, Leck
Printed in Germany   ISBN 978-3-492-26250-7

www.piper.de

Inhalt

Zu diesem Buch   13

Aufhören   15

Man soll aufhören, wenn es am schönsten ist!

Augen   15

Lies nicht bei schlechtem Licht,
sonst verdirbst du dir die Augen!

Schiele nicht absichtlich, sonst bleibt dir das!

Auto   17

Wenn ein Frontalzusammenstoß droht,
bremse, so fest du kannst!

Schalte den Motor nicht ständig ein und aus,
das kostet nur unnötig Benzin!

Fahre niemals untertourig, das schadet dem Motor!

Fahre häufig ausgekuppelt, das spart Benzin!

Fahre vor einer Engstelle nicht an den Autos
in der rechten Spur vorbei, das ist rücksichtslos!

Bevor du bei winterlicher Kälte losfährst,
lass den Motor warm laufen!

Schalte bei schlechter Sicht
die Nebelschlussleuchte an!

Automat   22

Wenn ein Automat eine Münze nicht nehmen will,
reibe sie auf Metall!

Baby   24

Rede mit einem Kleinkind nicht in der Babysprache,
sonst lernt es nie richtig sprechen!

Lass ein Baby nicht im Dunkeln schlafen!

Begrüßung   26

Bei der Begrüßung reicht der Ältere dem Jüngeren
beziehungsweise die Dame dem Herrn die Hand!

Eine Dame bleibt bei der Begrüßung sitzen!

Bier   28

Trinke nicht so viel Bier, sonst bekommst du einen Bauch!

Bier auf Wein, das lass sein!

Blumen   30

Ein Strauß muss immer eine ungerade Anzahl Blumen enthalten!

Bonbon   31

Bonbons darfst du nicht beißen,
sonst ruinierst du dir die Zähne!

Brot   32

Iss kein warmes Brot, sonst bekommst du Bauchweh!

Bruch   33

Trage keine schweren Lasten,
sonst hebst du dir einen Bruch!

Brust   34

Trage als Frau stets einen BH,
sonst bekommst du eine Hängebrust!

Cola   35

Bevor du eine Cola-Dose öffnest, klopfe leicht dagegen,
dann schäumt nichts über!

Angebrochene Cola-Dosen gehören in den Kühlschrank!

Ehrlichkeit   36

Ehrlich währt am längsten!

Eier   39

Eier muss man nach dem Kochen abschrecken,
damit die Schale besser abgeht!

Frühstückseier köpft man nicht!

Erkältung   40

Zieh dich im Winter warm an, sonst erkältest du dich!

Erste Hilfe   42

Einem Bewusstlosen muss man
zuallererst den Puls fühlen!

Nimm einem verunglückten Motorradfahrer auf keinen
Fall den Helm ab, du könntest ihn umbringen!

Essen   43

Man braucht täglich wenigstens eine warme Mahlzeit!

Iss morgens wie ein Kaiser, mittags wie ein König
und abends wie ein Bettelmann!
Beim Essen spricht man nicht!
Der Teller wird leer gegessen!
Mit Essen spielt man nicht!
Es ist (nicht) fein, beim Essen und Trinken
den kleinen Finger abzuspreizen!

Fenster   50

Putze Fenster nicht bei Sonnenschein,
sonst entstehen hässliche Streifen!

Fernsehen   51

Schalte den Fernseher nicht dauernd ein und aus,
sonst geht die Bildröhre kaputt!
Sieh nicht zu viel fern, das schadet deinen Augen!

Fisch   52

Fisch isst man mit dem Fischbesteck!
Fisch muss schwimmen!
Karpfen darf man nur in Monaten mit »r« essen!

Fleisch   55

Brate Fleisch scharf an, dann schließen sich die Poren!
Wenn du kein blutiges Steak magst, brate es gut durch!

Gelenke   57

Knacke nicht mit den Gelenken, sonst werden die steif!

Gewitter   58

Eichen sollst du weichen, Buchen sollst du suchen!
Gehe nie bei Gewitter in die Badewanne!

Haare   59

Bürste dir oft die Haare, dann bleiben sie gesund
und glänzen schön!
Rasiere dir nicht die Beinhaare weg,
sonst wachsen sie immer dichter!
Geh nicht mit nassen Haaren raus,
sonst erkältest du dich!

Haut   62

Trinke reichlich, dann behältst du eine glatte Haut!

Hornissen   63

Hüte dich vor Hornissen –
drei Stiche können tödlich sein!

Hund   64

Wenn du das Alter eines Hundes mit dem eines Menschen
vergleichen willst, multipliziere es mit sieben!

Hunde, die bellen, beißen nicht!

Intelligenz   65

Der Klügere gibt nach!

Jogurt   66

Schlecke nie den Deckel eines Jogurtbechers ab,
der ist giftig!

Jungen   67

Reiß dich zusammen, Jungen weinen nicht!

Kälte   68

Unterkühlte Gliedmaßen soll man mit Schnee einreiben!

Wenn du frierst, trinke einen Schnaps, der wärmt auf!

Karotten   69

Iss reichlich Karotten, die sind gut für die Augen!

Kartoffeln   70

Kartoffeln schneidet man nicht mit dem Messer!

Kater   71

Das Beste gegen einen Kater ist vorher
eine fettreiche Mahlzeit!

Einen Kater wirst du am schnellsten los,
wenn du am nächsten Morgen mit demselben Getränk
weitermachst!

Kaugummi   73

Schlucke keinen Kaugummi, der verklebt den Magen!

Ketchup   74

Wenn aus einer Ketchupflasche nichts herauskommt,
schlage kräftig auf den Flaschenboden!

Kompost   75

Zitronen- und Orangenschalen gehören
nicht auf den Kompost!

Lebensmittel   76

Iss nie Lebensmittel, deren Mindesthaltbarkeitsdatum
abgelaufen ist!
Bewahre Lebensmittelreste auf keinen Fall
in einer Konservendose auf!

Lernen   77

Was Hänschen nicht lernt, lernt Hans nimmermehr!
Lehrjahre sind keine Herrenjahre!
Nicht für die Schule, sondern für das Leben lernen wir!

Matratze   82

Schlafe bei Rückenschmerzen auf einer
möglichst harten Matratze!

Menstruation   83

Die Monatsblutung ist unvermeidbar,
damit musst du dich als Frau abfinden!
Treibe während deiner Tage keinen Sport,
bade nicht und wasch dir nicht die Haare!

Milch   87

Trinke keine Milch, die verschleimt die Atemwege!

Mundgeruch   88

Wenn du wissen willst, ob du Mundgeruch hast,
atme in die hohle Hand!

Obst   89

Verschlucke keine Obstkerne!
Trinke nach Obst kein Wasser,
sonst verdirbst du dir den Magen!

Pilze   91

Von Schnecken angefressene Pilze darf man
getrost essen, die können nicht giftig sein!
Pilze darf man nicht aufwärmen!

Rauchen   92

Zünde deine Zigarette nie an einer Kerze an!

Regen   93

Renne nicht bei Regen, sonst wirst du unnötig nass!

Reisekrankheit   94

Wenn dir beim Autofahren häufig schlecht wird,
iss vorher nichts!

Restaurant   95

Im Restaurant bestellt der Herr für die Dame mit!

Rote Ampel   96

Vor einer roten Ampel musst du anhalten!

Salz   97

Iss nicht so viel Salz, sonst steigt dein Blutdruck!

Schlaf   98

Der Schlaf vor Mitternacht ist der gesündeste!
Wenn du nicht einschlafen kannst, zähle Schäfchen!
Wenn du gut schlafen willst, trinke
vor dem Zu-Bett-Gehen einen Schlummertrunk!

Schlafwandler   102

Sprich niemals einen Schlafwandler an,
sonst findet der nicht mehr ins Bett zurück!

Schnaps   103

Nach einem fetten Essen geht nichts
über einen Verdauungsschnaps!

Schnupfen   103

Zieh bei Schnupfen nicht die Nase hoch!
Benutze bei Schnupfen stets frische Papiertaschentücher,
sonst steckst du dich immer wieder selbst an!
Wenn jemand niest, sagt man »Gesundheit«!

Schokolade   106

Iss nicht so viel Schokolade, sonst bekommst du Pickel!

Schwangerschaft   107

Wenn du schwanger bist, darfst du mit Alkohol
und Nikotin nicht abrupt aufhören, sonst schadest
du deinem Baby!

Schwimmen   108

Schwimme nicht nach dem Essen, das ist gefährlich!

Sekt   109

Wenn du Sekt frisch halten willst,
stecke einen Silberlöffel in den Flaschenhals!

Selbstbefriedigung   110
Selbstbefriedigung macht krank!

Senf   111
Senf macht dumm!

Serviette   112
Eine Papierserviette legt man
nach dem Essen auf den Teller!

Sex   112
Verzichte vor dem Sport auf Sex,
sonst hast du keine Chance!
Tausend Schuss, dann ist Schluss!

Sitzen   114
Sitz gerade!

Sonne   115
Gehe nicht in die pralle Sonne, sonst bekommst du Krebs!
Wenn du einen Sonnenbrand vermeiden willst,
bleibe im Schatten!

Spargel   118
Spargel schneidet man nicht!

Spinat   119
Spinat darf man nicht aufwärmen!

Strom   120
Leuchtstoffröhren darf man nicht ständig ein-
und ausschalten, sonst verbrauchen sie zu viel Strom
und halten weniger lange!

Tiefgefrorenes   121
Tiefgefrorenes darf man nach dem Auftauen
auf keinen Fall wieder einfrieren!

Treppe   122
Der Herr geht vor der Dame die Treppe hinauf!

Überfall   123
Wenn eine Frau von einem Mann angegiffen wird,
soll sie ihm in den Unterleib treten.

Verdauung   124
Einmal täglich Stuhlgang muss sein!

Vögel 125
Frei lebende Vögel darf man im Winter nicht füttern!

Waldbeeren 126
Iss Waldbeeren nie roh, du könntest die
Fuchsbandwurm-Krankheit bekommen!

Wasser 128
Trinke auf keinen Fall destilliertes Wasser,
du könntest daran sterben!

Wein 129
Hellen Wein trinkt man zu hellem
und dunklen Wein zu dunklem Fleisch!
Rotwein trinkt man zimmerwarm!

Wunde 131
Bevor du eine Wunde verbindest,
wasche sie gründlich aus!

Wut 132
Wenn du zornig bist, lass Dampf ab!

Zähne 133
Wenn du weiße Zähne haben willst,
musst du sie dir oft putzen!
Putz dir morgens und abends
drei Minuten lang die Zähne!

Zecken 135
Trage im Wald immer eine Kopfbedeckung,
dann können dir Zecken nichts anhaben!
Willst du eine Zecke entfernen, träufle Öl darauf!

Epilog: Einige durchaus
sinnvolle Regeln und Verbote 137

Zu diesem Buch

Vom ersten Tag, den wir auf dieser Welt verbringen, bis zur Stunde unseres Todes sind wir gefangen in einem dichten Netz von Ratschlägen, Vorschriften und Verboten. Wir lernen, was wir zu tun, und vor allem, was wir zu lassen haben – und ohne groß darüber nachzudenken, halten wir uns brav an all diese Anweisungen. Wir verzichten darauf, Kartoffeln zu schneiden, weil man das angeblich nicht darf, essen – aus Angst, schreckliche Leibschmerzen zu bekommen – kein warmes Brot, zerbeißen aus Sorge um unsere Zähne keine Bonbons und fügen uns widerspruchslos Geboten wie »Sitz gerade!«, »Beim Essen spricht man nicht!« oder »Der Teller wird leer gegessen!«. Natürlich frieren wir einmal Aufgetautes nicht wieder ein, und wenn wir als Autofahrer vor einer Fußgängerampel stehen, in deren Nähe weit und breit kein Mensch zu sehen ist, der die Straße überqueren will, halten wir folgsam an und warten geduldig auf das erlösende Grün, ohne uns über Sinn oder Unsinn unseres Tuns auch nur Gedanken zu machen.

Denn sinnvoll ist unser Verhalten in vielen Fällen ganz und gar nicht! Aufzuhören, wenn es am schönsten ist, ist ebenso widersinnig wie auf Bier nach Wein zu verzichten, wenn einem der Sinn danach steht; und wer eine Münze, die von einem Automaten wieder ausgespuckt wird, in der Hoffnung auf einen zweiten erfolgreicheren Versuch ein paarmal kräftig an Metall scheuert, verhält sich ebenso absurd wie der Autofahrer, der – einen Frontalzusammenstoß vor Augen – nur panisch auf die Bremse tritt.

Dieses Buch erklärt, warum viele Vorschriften und Verbote, nach denen wir uns tagtäglich – bewusst oder unbewusst – richten, blanker Unsinn sind. Doch damit nicht der Eindruck entsteht, grundsätzlich alle Verhaltensregeln sowie sämtliche elterlichen Ermahnungen und Verbote wären unsinnig oder zumindest überholt, folgt ganz am Schluss – gewissermaßen als Kontrapunkt – eine (keinesfalls vollständige) Auflistung von Ratschlägen, die zu beherzigen sich durchaus lohnt. Denn das Beste am Apfel sitzt nun einmal wirklich unter der Schale ...

Jürgen Brater

Aufhören

Man soll aufhören, wenn es am schönsten ist!

Ein geradezu klassisches Sprichwort! Und dennoch schon deshalb höchst zweifelhaft, weil man ja in der Regel gar nicht weiß, ob es gerade am schönsten ist oder ob nicht noch etwas Schöneres nachkommt. Oder anders ausgedrückt: Wann es am schönsten war, weiß man immer erst dann, wenn es wieder schlechter ist. Und dann ist es nicht mehr möglich, dem Rat des Sprichworts zu folgen. Tatsache ist, dass derjenige, der sich bemüht, stets dann aufzuhören, wenn es nach seiner Meinung am schönsten ist, eine ganze Menge besonders Erfreuliches versäumt.
Deshalb also: Bitte jetzt nicht mit der Lektüre dieses Buchs aufhören!

Augen

Lies nicht bei schlechtem Licht,
sonst verdirbst du dir die Augen!

Eines gleich vorweg: Diese Regel ist nicht ganz und gar sinnlos, denn tatsächlich können die Augen von Kindern und Jugendlichen durch sehr häufiges und lang andauerndes Lesen bei extrem schlechtem Licht – beispielsweise nächtelang mit der Taschenlampe unter der Bettdecke – Schaden nehmen. Und zwar deshalb, weil sich die Augenlinse bei der im Dunkeln stark verminderten Tiefenschärfe erheblich anstrengen muss, um das Licht so zu bündeln, dass es auf der Netzhaut ein scharfes Bild ergibt. Damit die Linse weniger hart arbeiten muss, passt sich das Auge der Belastung allmählich an, indem es ein wenig in die Länge wächst. Dadurch bekommt der Betroffene zunehmend Schwierigkeiten, weit Entferntes scharf zu sehen, das heißt er wird mehr oder minder kurzsichtig.

Aber das passiert, wie gesagt, nur bei extrem langer Beanspruchung der Augen – und auch nur, solange diese noch »jung« sind. Bei Jugendlichen, die nicht Nacht für Nacht stundenlang bei schlechtem Licht lesen – und wer tut das schon? – und bei Erwachsenen sind als Folge der vermehrten Anstrengung der Augenlinse dagegen keinerlei Schäden zu befürchten. Allenfalls ermüden die Augen rascher oder schmerzen vielleicht ein wenig, mehr passiert nicht.

Schiele nicht absichtlich, sonst bleibt dir das!

Manche Omas drohen ihren Enkeln bis heute mit erhobenem Zeigefinger: »Schiel bloß nicht absichtlich, sonst bleiben die Augen so stehen!« Sie selbst haben es während ihrer Kindheit so gelernt und seither sorgfältig vermieden, ihre Augäpfel Richtung Nasenspitze nach innen zu rollen. Dabei macht das den Augen nicht das Geringste aus! Weltweit gibt es keinen einzigen verbürgten Fall eines Augenschadens als Folge absichtlichen Schielens. Allenfalls ist es denkbar, dass ein bereits vorhandener, verborgener Sehfehler den Eltern nach einem bewussten Verdrehen der Augen zum ersten Mal auffällt.

Wer also Spaß daran hat, mit beiden Augen die Nasenspitze zu fixieren und dadurch seine Mitmenschen zu belustigen, der sollte das getrost tun. Einen bleibenden Schaden braucht er nicht zu befürchten – auch dann nicht, wenn er während des Schielens fürchterlich erschrickt oder die Uhr zwölfmal schlägt.

Auto

Wenn ein Frontalzusammenstoß droht, bremse, so fest du kannst!

Ein Frontalzusammenstoß – etwa beim Überholen oder weil ein entgegenkommendes Fahrzeug plötzlich auf die eigene Spur gerät – ist so ziemlich das Schlimmste, was einem Autofahrer passieren kann. Viele treten in einem solchen Fall mit aller Kraft auf die Bremse und tun das selbst dann noch, wenn sie erkennen müssen, dass sie dadurch einen Crash nicht vermeiden können. Doch ein solches Verhalten ist grundfalsch!

Eine Vollbremsung – sie ist grundsätzlich natürlich vollkommen in Ordnung – ergibt nur dann einen Sinn, wenn noch Chancen bestehen, einen Zusammenprall zu verhindern. Ist dies nicht möglich – etwa, weil ein sich näherndes Fahrzeug unmittelbar vor der Begegnung auf die Gegenfahrbahn wechselt oder weil die Geschwindigkeit der beiden beteiligten Autos zu hoch ist –, so ist jedes weitere panische Bremsen Unfug! Das einzig Richtige ist in einem solchen Fall, den Blick bewusst von dem Entgegenkommenden abzuwenden und sich schnellstmöglich nach einer Ausweichmöglichkeit umzusehen; so viel Zeit bleibt in der Regel noch. Und dann nichts wie runter von der Straße und hinein in die Wiese, die Böschung oder den Acker! Das funktioniert bei einem mit ABS ausgerüsteten Fahrzeug sogar mit getretener Bremse, während es ansonsten erforderlich ist, den Fuß vor dem Lenkeinschlag vom Pedal zu nehmen.

Sicher, es kann passieren, dass man sich bei diesem Manöver überschlägt. Das ist jedoch im Vergleich zu einem Frontalzusammenstoß das weitaus geringere Übel. Die Fahrgastzellen der heutigen Autos sind so steif, dass bei einem Überschlag in der Regel nicht allzu viel passiert – sicher aber viel weniger als bei einem Crash mit einem

Entgegenkommer. Wer es sich angewöhnt, sich während längerer Autofahrten immer wieder einmal Gedanken zu machen, wohin er jetzt im Notfall ausweichen würde, trainiert sein Gehirn auf eine solche Situation und gewinnt im Ernstfall wertvolle Sekunden, um das einzig Richtige zu tun: zuerst mit aller Kraft bremsen, dann aber unbedingt und unter allen Umständen ausweichen!

Schalte den Motor nicht ständig ein und aus, das kostet nur unnötig Benzin!

Dass ein Automotor, solange er nicht läuft, kein Benzin verbraucht, ist jedem klar. Dennoch lassen viele Fahrer den Motor auch bei längerem Stehen – etwa vor einer roten Ampel oder einer geschlossenen Bahnschranke – eingeschaltet, weil sie der Meinung sind, beim anschließenden Anlassen würden sie mehr Kraftstoff verbrauchen, als sie während der Ausschaltphase eingespart hätten. Das aber stimmt mitnichten!

Moderne Motoren benötigen für den Anlassvorgang – sofern dabei nicht unnötigerweise kräftig Gas gegeben wird – kaum mehr Benzin als im Leerlauf. Bei jeder Standzeit von einer Viertelminute oder länger – und davon gibt es jede Menge – ist es daher im Hinblick auf den Spritverbrauch, aber auch auf den Schadstoffausstoß überaus sinnvoll, den Motor auszuschalten, um ihn erst kurz vor dem Weiterfahren – ohne Gasgeben! – wieder in Gang zu setzen.

Fahre niemals untertourig, das schadet dem Motor!

Dass ein Automotor umso mehr Benzin verbraucht, je höher er dreht, wissen die meisten Autofahrer. Dennoch scheuen sie sich, frühzeitig hoch zu schalten, weil sie irgendwo einmal gelernt haben, untertouriges Fahren würde dem Motor zusetzen und ihn auf Dauer zerstören. Das aber stimmt schon lange nicht mehr!

Vielmehr werden moderne Motoren bei Drehzahlen unter 2000 Umdrehungen keinesfalls besonders belastet, verbrauchen dabei aber deutlich weniger Sprit und produzieren erheblich weniger Abgase und Lärm als bei hochtourigem Betrieb. Wer also Benzin sparen und zusätzlich die Umwelt schonen will, sollte auch innerhalb der Stadt die 2000-Umdrehungen-Marke nicht überschreiten. Das bedeutet bei den meisten Autos, dass der erste Gang nur zum unmittelbaren Anfahren benützt und bereits bei 20 km/h in den dritten, bei 30 km/h in den vierten und bei 50 km/h in den fünften Gang geschaltet wird. Viele Autofahrer legen diesen fünften Gang jedoch innerstädtisch überhaupt nie ein, sondern betrachten ihn als eine Art Schnellfahrstufe, die allenfalls außerhalb geschlossener Ortschaften ihre Berechtigung hat.

Im Heft 10/2000 der »ADAC-Motorwelt« heißt es zu diesem Thema: »Eine untertourige Fahrweise hilft, Sprit zu sparen. In der Stadt soll man möglichst mit Drehzahlen unterhalb 2000 U/min fahren. Beim Anfahren und Beschleunigen gilt es, zügig hochzuschalten und dabei gut Gas zu geben. Das Gaspedal sollte zu drei Viertel durchgetreten werden, Vollgas ist zu vermeiden. Beim Fahren immer im höheren Gang bleiben, solange der Motor Gas ohne Ruckeln annimmt. Es ist besser, in einem hohen Gang – also bei niedriger Drehzahl – mit viel Gas zu fahren als in einem niedrigen Gang – bei hoher Drehzahl – mit wenig Gas.«

Fahre häufig ausgekuppelt, das spart Benzin!

Nicht wenige Autofahrer treten bei der Annäherung an eine rote Ampel oder auch sonst, bevor sie stoppen müssen, die Kupplung und rollen im Leerlauf aus, weil sie glauben, dadurch Benzin zu sparen. Doch das ist ein Irrtum!

Denn heutzutage verfügen nahezu sämtliche Autos – zumindest alle mit geregeltem Katalysator, der stets mit einer elektronischen Zündsteuerung verbunden ist – über eine Schubabschaltung. Und diese sorgt dafür, dass beim Gaswegnehmen automatisch die Benzinzufuhr unterbrochen wird, sodass der Motor überhaupt keinen Treibstoff verbraucht, bis die Drehzahl unter einen bestimmten Wert sinkt. Erst danach kommt die Leerlaufsteuerung zum Zuge, bei der der Motor immer noch etwa 1,2 bis 1,5 Liter Benzin pro 100 Kilometer verbrennt. Wer mit getretener Kupplung ausrollt, setzt die Schubabschaltung grundlos außer Kraft und verbraucht damit auf Dauer deutlich mehr Sprit als derjenige, der bis kurz vor dem Stillstand mit eingelegtem Gang und damit höherer Drehzahl fährt und erst im letzten Moment auskuppelt.

Fahre vor einer Engstelle nicht an den Autos in der rechten Spur vorbei, das ist rücksichtslos!

Jeder Autofahrer kennt das: Kaum weist irgendwo ein Schild darauf hin, dass sich die Fahrbahn nach soundsovielen Metern verengen wird, drängen sämtliche Autos auf die durchgängige Spur. Und wer es wagt, an der Schlange vorbei bis kurz vor das Nadelöhr zu fahren, muss damit rechnen, dort von erzürnten Fahrzeuglenkern nicht »hereingelassen« zu werden.

Dabei ist das so genannte »Reißverschlussprinzip« seit 1. Februar 2001 sogar gesetzlich geregelt. Es dient dazu, Staus vor Engstellen so weit als möglich zu verhindern. Dazu ist es aber erforderlich, dass sich sämtliche Verkehrsteilnehmer daran halten, das heißt, dass sie auf beiden Fahrspuren bis unmittelbar an die Verengung heranfahren und erst dort – ein Auto von links, eines von rechts und so weiter – durch Ineinanderfädeln eine Reihe bilden. Zu frü-

hes Drängen in die durchgehende Spur bedeutet, ohne jeg-
lichen Grund wertvollen Verkehrsraum zu verschenken.
Würden sich alle Autofahrer konsequent an diese Regel
halten, würden sie also in beiden Spuren auf etwa gleiche
Geschwindigkeit und ausreichend Abstand zum Vorder-
mann achten – beides für ein gefahrloses Einfädeln unabdingbar –, bräuchten diejenigen, die den Reißverschluss
jetzt schon beherzigen, keine Angst zu haben, als »Vor-
drängler« beschimpft zu werden. Denn das sind sie absolut nicht, da – wie bereits erwähnt – das Reißverschlussprinzip in der Straßenverkehrsordnung vorgeschrieben
ist, sodass derjenige, der sich korrekt daran hält und auf
der freien Spur bis unmittelbar an das Nadelöhr heran-
fährt, vollkommen im Recht ist. Das bedeutet im Umkehrschluss, dass sich ein Autofahrer, der einen anderen
vor einer Engstelle nicht »hereinlässt«, ordnungswidrig
verhält und durchaus mit einem Bußgeld belegt werden
kann.

Bevor du bei winterlicher Kälte losfährst, lass den Motor warm laufen!

Im Winter sieht man immer wieder eisverkrustete Autos,
deren Motor bereits läuft, während die Fahrer sich abmü-
hen, die Scheiben freizukratzen. Dadurch soll der Motor
auf Betriebstemperatur kommen, um anschließend problemlos und ruckfrei zu funktionieren.
Dieses Warm-laufen-Lassen ist jedoch nicht nur überflüssig, weil es dem Motor mehr schadet als nützt, sondern es
ist wegen der damit verbundenen Umweltbelastung auch
gesetzlich verboten. Denn im Standbetrieb dauert es viel
länger, bis er sich erwärmt, und in dieser Phase sind Ver-
schleiß und Schadstoffausstoß besonders hoch, da der
Katalysator noch nicht arbeitet.
Weitaus sinnvoller ist es, nach dem Starten des Motors

gleich zügig loszufahren, dabei jedoch auf den ersten Kilometern höhere Drehzahlen zu vermeiden.

Schalte bei schlechter Sicht die Nebelschlussleuchte an!

Vor allem auf der Autobahn sieht man es immer wieder: Die Sicht wird – beispielsweise infolge eines heftigen Regengusses – schlechter, und schon schalten die ersten Autofahrer die Nebelschlussleuchte ein. Das aber ist unsinnig und dazu noch verboten!

Denn im Gegensatz zu Nebelscheinwerfern, die man getrost auch bei Regen und Schneefall verwenden darf, ist die Benützung von Nebelschlussleuchten tatsächlich ausschließlich bei Nebel erlaubt, und das auch nur dann, wenn die Sichtweite unter 50 Meter (!) sinkt. In derartigen Situationen gilt aber automatisch eine Höchstgeschwindigkeit von 50 km/h. Demnach begeht jeder, der mit mehr als 50 mit eingeschalteten Nebelschlussleuchten fährt, ein Verkehrsdelikt. Und wenn er das sogar schon bei Sichtweiten über 100 Meter tut, blendet er überdies auch noch die hinter ihm Fahrenden.

Automat

Wenn ein Automat eine Münze nicht nehmen will, reibe sie auf Metall!

Jeder hat das schon einmal erlebt: Man wirft eine Münze in einen Automaten oder in die Parkhauskasse, und was geschieht? Sie fällt durch. Das passiert nach Murphys Gesetz vor allem dann, wenn man es eilig hat oder eine Schlange anderer Zahlungswilliger ungeduldig hinter einem wartet. Man könnte es jetzt mit einer anderen Münze versuchen, doch oft hat man keine passende dabei. In einer solchen Situation probieren viele, die Münze außen am Automaten zu reiben – an der Stelle, wo das unübersehbar schon etliche andere getan haben.

Doch selbst, wenn die Münze anschließend vom Automaten akzeptiert wird: Das Reiben hat darauf keinerlei Einfluss! Denn darüber, ob der Automat das Geld nimmt oder nicht, entscheidet der Münzprüfer in seinem Inneren. Dieser erzeugt ein elektromagnetisches Feld, das von durchfallendem Metall – je nach Art unterschiedlich – abgelenkt wird. Der Münzprüfer stellt also fest, woraus das Geldstück besteht, außerdem misst er seinen Durchmesser und sein Gewicht – alles Eigenschaften, die durch das Scheuern an Metall nicht im Geringsten verändert werden. Temperatur oder elektrische Ladung der Münze – die durch das Reiben vielleicht beeinflusst werden könnten – haben auf das Messergebnis dagegen keinerlei Einfluss.

Bei einem Test des WDR-Wissenschaftsmagazins »Quarks« wurden 100 gebrauchte Markstücke in einen Automaten geworfen und die Messergebnisse des Münzprüfers aufgezeichnet; anschließend rieb man die Münzen und warf sie noch einmal ein. Ergebnis: Von den 100 ungeriebenen Münzen nahm der Automat vier nicht an, von den 100 geriebenen fünf. Beim Vergleich der Messwerte zeigten sich keinerlei auffällige Unterschiede zwischen geriebenen und ungeriebenen Münzen; in 40 Prozent der Fälle waren sie sogar vollkommen identisch.

Dass es mit dem Scheuern bisweilen trotzdem funktioniert, hat schlicht den Grund, dass der Münzprüfer wegen des nicht immer exakt gleichen Weges, auf dem die Münze durch ihn hindurchfällt, immer wieder einmal ein eigentlich vollkommen einwandfreies Geldstück ablehnt. Wirft man diese Münze erneut ein, so wird sie mit derselben (hohen) Wahrscheinlichkeit akzeptiert wie die anderen beim ersten Versuch, und zwar vollkommen unabhängig davon, ob man sie vorher gerieben hat oder nicht. Derjenige, der sie einwirft, hat jedoch den Eindruck, es sei das Scheuern auf Metall gewesen, das beim zweiten Mal den Erfolg gebracht hat.

Mittlerweile statten etliche Automatenhersteller ihre Geräte ganz bewusst mit einer Reibefläche aus. Diese hat jedoch ausschließlich den Sinn, die hässlichen Kratzer zu vermeiden, die beim Scheuern an anderen Stellen des Automaten entstehen. Die meisten Menschen werten derartige Flächen jedoch als Beweis dafür, dass die Sache mit dem Reiben offenbar funktioniert.

Baby

Rede mit einem Kleinkind nicht in der Babysprache, sonst lernt es nie richtig sprechen!

Es ist schon sehr seltsam: Kaum nähert sich ein Erwachsener einem Baby, ändert sich schlagartig sein Gesichtsausdruck: Seine Mimik wird ausgeprägter und wirkt »übertrieben«, er fuchtelt in der Luft herum und benützt einen Wortschatz, den keiner seiner Altersgenossen verstehen würde, wobei seine Stimme zu allem Überfluss auch noch eine Oktave nach oben rutscht. Immer wieder hört und liest man, diese »Babysprache« schade den Säuglingen und verhindere, dass sie später einwandfrei sprechen lernten. In umfangreichen Untersuchungen hat man jedoch festgestellt, dass das keineswegs zutrifft, ja dass vielmehr sogar das Gegenteil der Fall ist!

Säuglinge, mit denen Erwachsene in der ihnen gemäßen Form kommunizieren, tun sich in ihrer Entwicklung leichter als jene, mit denen stets »korrekt« gesprochen wird. So wie es auch sonst äußerst sinnvoll ist, mit Kleinkindern altersgemäß umzugehen, sie also ihrem Entwicklungsstand entsprechend und nicht wie kleine Erwachsene zu behandeln, sollte man dies durchaus auch beim Sprechen tun.

Beim Anblick eines Babys unbewusst in dessen ureigene Bewegungs- und Ausdrucksweise zu verfallen, ist ein sinnvoller biologischer Mechanismus, mit dem man dem Kind nicht schadet, sondern es stattdessen in seiner Entwicklung sogar fördert.

Dass dem so ist, haben Wissenschaftler in umfangreichen Untersuchungen nachgewiesen. Die beteiligten Forscher vermuten, dass Änderungen der Stimmlage und die übrigen Elemente der Babysprache die Kinder geistig deutlich stärker anregen als eine monotone, eher »erwachsene« Sprechweise, und dass die Kleinkinder Informationen in diesem »aufgedrehten« Zustand offenbar wesentlich effizienter und vollständiger verarbeiten.

Lass ein Baby nicht im Dunkeln schlafen!

Es sind gar nicht so wenige Eltern, die im Kinderzimmer nachts ein mehr oder minder schwaches Licht brennen lassen, um ihrem Sprössling die Angst vor der Dunkelheit, vor Monstern und Gespenstern zu nehmen und ihm so angeblich zu ruhigerem Schlaf zu verhelfen. Das bisschen Licht, meinen sie, sei für das Kind gut oder könne doch zumindest nicht schaden. Damit aber liegen sie völlig falsch!

Wissenschaftler einer amerikanischen Universitäts-Augenklinik fanden nämlich in umfangreichen Untersuchungen heraus, dass zwischen der nächtlichen Lichtsituation und der Leistungsfähigkeit der Augen ein signifikanter Zusammenhang besteht: Von den Kindern, die während der ersten zwei Lebensjahre in völliger Dunkelheit geschlafen hatten, war später nur jedes zehnte kurzsichtig; blieb dagegen ein Notlicht eingeschaltet, sah bereits ein Drittel der Kleinen Entferntes nicht mehr scharf; und herrschte während der Nachtruhe gar normale Raumbeleuchtung, schnellte die Quote der Kurzsichtigen auf mehr als die Hälfte hoch.

Für diesen offensichtlichen Zusammenhang haben die Forscher folgende Erklärung: Das menschliche Augenlid ist für Licht keinesfalls undurchlässig, vor allem solches mit höherer Wellenlänge dringt in geringem Maß ins Auginnere. Nun ist aber bekannt, dass beim Wachstum des Augapfels Helligkeitseinflüsse eine nicht unbedeutende Rolle spielen: Ständiger Lichteinfall führt zu einem übermäßig langen Auge, und dieses ist wiederum die Hauptursache der Kurzsichtigkeit.

Das Risiko, dass das Kind bei völliger Dunkelheit Angst bekommt und vielleicht schlecht träumt, ist dagegen das erheblich geringere Übel, zumal das Einschlafen ohne Licht nichts anderes ist als Gewohnheitssache: Kinder, die es von Anfang an nicht anders kennen, haben damit in der Regel keinerlei Probleme.

Begrüßung

Bei der Begrüßung reicht der Ältere dem Jüngeren beziehungsweise die Dame dem Herrn die Hand!

Früher galt es als grob unhöflich, wenn ein junger Mann einem älteren Herrn oder gar einer Dame zur Begrüßung die Hand hinstreckte. Die Entscheidung für oder gegen den Handschlag lag einzig und allein bei dem Älteren beziehungsweise bei der Dame. Diese starre Regel gilt heutzutage allenfalls noch im Berufsleben, wo der Vorgesetzte bestimmt, ob und wem er die Hand reicht. Im Privaten sieht man das wesentlich lockerer: Da hat es sich durchgesetzt, dass derjenige, der zu einer anderen Person oder Gruppe tritt, seine Hand ausstreckt und diejenigen der bereits Anwesenden drückt. Ob er dabei schlicht »Hallo« oder – vielleicht ein bisschen freundlicher – »Guten Morgen«, »Guten Tag« oder »Guten Abend« sagt, muss er, dem Anlass entsprechend, selbst entscheiden.

Aber auch eine andere ehemalige Grußregel gilt heute als nicht mehr zeitgemäß: diejenige nämlich, wonach der Rangniedrigre den Ranghöheren und ein Mann eine Frau als Erster zu grüßen hatte. Vielmehr ist es inzwischen üblich geworden, dass derjenige, der den anderen zuerst sieht, diesen auch grüßt, unabhängig vom gegenseitigen hierarchischen Verhältnis. Insofern ist ein Vorgesetzter nicht mehr auf dem Laufenden, der beim Eintreten in einen Raum stillschweigend wartet, dass ihn sein dort sitzender Angestellter zuerst grüßt.

Eine Dame bleibt bei der Begrüßung sitzen!

Für unsere Großmütter war das eine eiserne Regel: Eine Dame bleibt bei der Begrüßung sitzen! Man sah das als Vorrecht der Frau vor dem Mann an, der selbstverständlich grundsätzlich aufzustehen hatte, wenn ihn jemand begrüßte.

Da stellt sich die Frage, warum man überhaupt aufsteht, wenn ein Neuankömmling grüßend auf einen zutritt. Der Sinn dieser Regel liegt darin, dass man beim Gespräch mit der neu hinzugekommenen Person von Anfang an auf Augenhöhe beziehungsweise auf derselben »Gesprächs-ebene« sein sollte. Und das ergibt durchaus auch für eine Dame Sinn. Deshalb fiel die einst eherne Vorschrift des weiblichen Sitzenbleibens der Emanzipation zum Opfer: Heutzutage kann jede Frau selbst entscheiden, ob sie sich zum Gruß erheben will oder nicht.

Bier

Trinke nicht so viel Bier, sonst bekommst du einen Bauch!

Sind Männer um die Leibesmitte auffallend rundlich und tragen eine stattliche Kugel vor sich her, so fällt in der Regel sehr schnell der vorwurfsvolle Begriff »Bierbauch«. Doch der ist allenfalls zum Teil berechtigt.

Denn verglichen mit anderen Getränken weist Bier mit 40 Kilokalorien pro 100 Gramm nur einen geringen Nährwert auf, der etwa dem von Apfelsaft entspricht und weit unter dem von Wein und Sekt, ja, sogar unter dem von Vollmilch liegt. Woran liegt es also, dass Biertrinker tatsächlich oft einen stattlichen Bauch ihr Eigen nennen? Nun, man hört und liest immer wieder, hierfür seien weibliche Geschlechtshormone im Bier verantwortlich. Tatsächlich hat man darin so genannte Phytoöstrogene nachgewiesen, die eng mit dem weiblichen Sexualhormon Östrogen verwandt sind; doch ob die minimalen Konzentrationen einen messbaren Effekt haben, ist mehr als fraglich. Zwar wird überliefert, dass weibliche Hopfenzupferinnen früher nach der Ernte häufig Probleme mit ihrer Monatsblutung hatten, doch im Hinblick auf den Bauch erscheint es höchst zweifelhaft, ob der geringe Anteil, der von den hormonähnlichen Stoffen schließlich im Bier landet, tatsächlich ausreicht, sichtbare Fettpolster entstehen zu lassen. Jedenfalls belegt eine wissenschaftliche Studie des University College in London, bei der fast 2000 Tschechen, die nach eigenen Angaben gern und reichlich Bier trinken, vermessen wurden. Dabei fanden die Wissenschaftler keinerlei Zusammenhang zwischen Bierkonsum und Leibesfülle. Martin Bobak, der Leiter der Studie, zieht aus dem Ergebnis folgenden Schluss: »Biertrinken wird mit anderen Aspekten von Ernährung und Lebensweise in Verbindung gebracht, die den Bierbauch verursachen könnten.«

Demnach ist für die stattliche Leibesfülle wohl die unleugbare Tatsache verantwortlich, dass Bier in erheblich größeren Mengen getrunken wird als andere Alkoholika. Wer käme schon auf die Idee, Wein oder gar Sekt aus Maßkrügen zu schlürfen? Bei einigen Litern Gerstensaft kommt aber schon eine ansehnliche Kalorienmenge zusammen. Außerdem macht Alkohol, weil er die Bildung von Verdauungssäften anregt, grundsätzlich Appetit – worin ja z. B. auch der Grund für den Aperitif vor dem Essen liegt. Doch nicht nur der dadurch ausgelöste Hunger ist entscheidend, sondern vor allem die Tatsache, dass sich viele Biertrinker bevorzugt besonders deftige, das heißt nahrhafte Kost einverleiben. Die Betreiber von Bierzelten oder -hallen wissen das und bieten als Begleitung zum Gerstensaft bekanntlich nicht etwa Kaviar und Austern an, sondern fetttriefende Schweinshaxen und Würste. Wer derartigen Versuchungen widersteht und Bier mit Genuss, aber dabei doch mäßig trinkt, braucht sich um seine Figur jedenfalls keine Sorgen zu machen.

Bier auf Wein, das lass sein!

Den Spruch »Bier auf Wein, das lass sein; Wein auf Bier, das rat ich dir!« hat wohl jeder schon einmal gehört. Man vermutet, dass er aus dem Mittelalter stammt und dass man damit die Teilnehmer an Festgesellschaften dazu veranlassen wollte, mehr von dem (billigen) Bier zu trinken und den (teuren) Wein den Edelleuten zu überlassen. Tatsache ist jedenfalls, dass es ganz und gar belanglos ist, in welcher Reihenfolge man Wein und Bier zu sich nimmt; der Kater am nächsten Morgen ist stets derselbe und hängt von der Gesamtmenge des getrunkenen Alkohols ab sowie im Falle von Weißwein sicher auch vom Quantum des damit aufgenommenen Schwefels. Bezeichnenderweise ist die Bier-auf-Wein-Regel in anderen Ländern, in denen sowohl dem Bier als auch dem Wein reichlich zugesprochen wird, gänzlich unbekannt.

Als »ziemlichen Quatsch« bezeichnet denn auch Hans-Joachim Pieper, Alkohol- und Gärungsexperte an der Universität Hohenheim, diesen Spruch, der schon vielen Genießern den Spaß verdorben hat. »Wie man den Alkohol aufteilt, den man trinkt, ist ganz allein Sache des persönlichen Geschmacks.«

Tatsache ist jedenfalls, dass sogar viele Profis nach ausgedehnten Weinproben erst einmal ein gepflegtes Bier trinken, ohne dadurch irgendwelche Probleme zu bekommen.

Blumen

Ein Strauß muss immer eine ungerade Anzahl Blumen enthalten!

Schenkt man einer Dame Blumen, so niemals vier, sechs, acht oder zehn, sondern unbedingt fünf, sieben, neun oder elf. Eine gerade Anzahl überreicht man allenfalls zu einer Beerdigung. Ausnahmen sind zu runden Anlässen erlaubt, beispielsweise 30 Blumen zum 30. Geburtstag; so die gängige Regel, an die sich Floristinnen und Blumenverkäuferinnen oft geradezu sklavisch halten. So als ob eine gerade Anzahl Blumen todsicher Unglück und Verderben bringen würde!

Die skurrile Vorschrift entspringt der mystischen Vorstellungswelt der altgriechischen Pythagoräer, deren Glaubenskernsatz lautete: »Alles ist Zahl.« Demnach sind ungerade Zahlen dem Begrenzten, der rechten Seite, dem Männlichen, Ruhenden, Geraden, dem Licht, dem Guten und – geometrisch betrachtet – dem Quadrat zugeordnet, während gerade Zahlen das Unbegrenzte, die linke Seite, das Weibliche, Bewegte, Gekrümmte, die Finsternis, ja, das Böse und – wiederum geometrisch – das Rechteck symbolisieren.

Dieses – höchst willkürlich anmutende – pythagoräische Konzept wurde später zu großen Teilen von Kirche und Volksglauben übernommen und wirkt in vielen Bereichen bis heute nach. Rituelle Handlungen, Gebete und Beschwörungen wurden und werden ausschließlich in ungerader Anzahl vorgenommen, und ein Gebet oder auch das bloße Amen spricht man niemals zwei-, sondern stets ein- oder dreimal. Auch dass es im Christentum eine Drei- und keine Zwei- oder Vierfaltigkeit gibt, kommt sicher nicht von ungefähr. Der Aberglaube geht sogar so weit, dass an magischen Zirkeln stets eine ungerade Anzahl von Personen teilzunehmen hat.

Es ist demnach tatsächlich so, dass die unsinnige Regel von der Anzahl der Blumen auf überkommene antike Vorstellungen zurückgeht, die wir heutzutage nur noch mit großer Mühe oder überhaupt nicht mehr nachvollziehen können. (Ja, es ist sogar so, dass uns die negativen Konnotationen, die die Pythagoräer den geraden Zahlen zuordneten – das Weibliche, das Unbegrenzte, das Gekrümmte, das Bewegte – heute oftmals viel sympathischer sind als das Gerade, Gute, Lichte, Männliche.) Und so sollten wir die Regel getrost über Bord werfen. Wer seiner Frau oder Freundin öfter mal sechs, acht oder zehn Rosen mitbringt, beweist damit jedenfalls mehr liebevolle Zuneigung als derjenige, der ihr aus Angst, etwas falsch zu machen, gar keine schenkt.

Bonbon

Bonbons darfst du nicht beißen, sonst ruinierst du dir die Zähne!

Seit Generationen verbieten Eltern, die um die Zahngesundheit ihrer Kinder besorgt sind, ihren Sprösslingen, Bonbons zu beißen. Dabei gibt es dafür nicht den geringsten Grund!

Schädlich für das Gebiss ist an einem Bonbon einzig und allein der Zucker, der im Mund lebenden Bakterien als Nährstoff dient, aus dem sie Säure produzieren, der wiederum die Zähne angreift. Das aber gilt vollkommen unabhängig davon, ob man einen Bonbon nun lutscht oder kaut. Und so harte Bonbons, dass bei ihrem Zerbeißen Teile eines gesunden Zahnes abbrechen könnten, gibt es nicht. Diese Gefahr besteht allenfalls bei kleinen Steinchen im Salat oder Gemüse, bei Süßigkeiten aber ganz sicher nicht.

Brot

Iss kein warmes Brot, sonst bekommst du Bauchweh!

Woher dieses Märchen stammt, ist nicht ganz klar. Möglicherweise beruht es darauf, dass in früheren, ärmeren Zeiten Eltern ihre Kinder vom übermäßigen Verzehr des wohlriechenden frischen Brots abhalten wollten, um auf diese Weise mit den knappen Rationen länger auszukommen. Denkbar ist auch, dass eine gesetzliche Vorschrift der Dreißiger- und Vierzigerjahre dahinter steckt, wonach Brot erst einen Tag nach dem Backen verkauft werden durfte. Vermutlich wollte der »Reichsnährstand« – damals ein Zusammenschluss sämtlicher Nahrungsproduzenten – damit ebenfalls verhindern, dass die Menschen sich mit dem duftenden, weichen Brot den Bauch vollschlugen. Am Tag darauf mussten sie länger kauen, um es weich zu bekommen, wodurch es erheblich ergiebiger wurde.

Vielleicht spielt aber auch die leidvolle Erfahrung so mancher Naschkatze eine Rolle, dass man Bauchweh bekommt, wenn man zu viel Brotteig isst, weil die darin enthaltenen Mikroorganismen – vor allem Hefepilze – im Magen weiterarbeiten und blähende Gase produzieren. Diese Mikroorganismen werden jedoch beim Backen so gut wie voll-

ständig abgetötet, wonach sie im Bauch verständlicherweise nichts mehr durcheinander bringen können.

Wem frisches, wohlriechendes Brot daher das Wasser im
Mund zusammenlaufen lässt, der sollte sich nicht aus Angst
vor Bauchgrimmen zurückhalten, sondern ohne zu zögern
herzhaft hineinbeißen.

Bruch

Trage keine schweren Lasten,
sonst hebst du dir einen Bruch!

»Stell das sofort wieder hin, du hebst dir ja einen Bruch!«
Mit diesen oder ähnlichen Worten drohen Eltern Kindern,
wenn diese eine schwere Last hochwuchten. Zwar wissen
die Kinder in der Regel gar nicht, was ein Bruch ist, und
stellen sich meist einen Knochenbruch vor, aber Angst haben sie doch davor, und diese Angst bleibt bis ins Erwach-
senenalter erhalten. Dabei kann man sich gar keinen Bruch
heben!

Doch was ist überhaupt ein Bruch? Nun, davon spricht
man, wenn Eingeweide- oder Organteile durch Schwach-
stellen der Bauchwand aus der Bauchhöhle heraustreten
und unter der äußeren Haut tastbar werden oder gar eine
sichtbare Beule bilden. Bei einem Leistenbruch – um diesen geht es im Zusammenhang mit dem Wuchten schwerer Gegenstände – ist es der Leistenkanal, durch den Darm-
schlingen hervorquellen.

Zwar erhöht sich beim schweren Heben der Bauchinnen-
druck ganz erheblich, aber dieser Druckanstieg reicht – so
Professor Volker Schumpelick von der Chirurgischen Uni-
versitätsklinik Aachen – keinesfalls aus, um Eingeweide-
teile durch die Bauchwand zu pressen. Allenfalls kann dadurch ein Muskelfaserriss entstehen, der jedoch für sich
genommen niemals eine Bruchpforte bildet. Nur bei an-

derweitig vorgeschädigter Bauchwand, beispielsweise nach einer Operation oder infolge einer angeborenen massiven Bindegewebs- oder Muskelschwäche, besteht eine gewisse Gefahr.

Dass sich die Mär vom Bruchheben dennoch hartnäckig hält, liegt vermutlich daran, dass Betroffene einen Leistenbruch, der sich ganz allmählich entwickelt hat, nicht selten nach schwerem Tragen erstmalig bemerken.

Brust

Trage als Frau stets einen BH, sonst bekommst du eine Hängebrust!

Die Werbung für Damenunterwäsche wird nicht müde, zu betonen, wie sehr ein gut sitzender Büstenhalter die Tendenz der weiblichen Brust, der Schwerkraft nachzugeben, aufhält, so dass eine Frau, die konsequent einen BH trägt, keine Sorgen haben muss, eine Hängebrust zu bekommen. Doch das ist schlicht Nonsens!

Ja, es gibt sogar ernst zu nehmende Stimmen, die das Gegenteil behaupten: Die ständige Unterstützung der Bindegewebsbänder, die die Brust halten, bewirkt deren allmähliche Rückbildung, so wie Muskeln unter einem Gipsverband dünner werden – »Inaktivitätsatrophie« nennen das die Mediziner. Ob ein Körperteil seine Form behält oder im Lauf des Alters schlaff wird, hängt nach moderner medizinischer Erkenntnis ebenso wie die Faltenbildung oder das Auftreten von Altersflecken einzig und allein von der genetischen Veranlagung ab – ein BH ändert daran nicht das Geringste.

Cola

Bevor du eine Cola-Dose öffnest, klopfe leicht dagegen, dann schäumt nichts über!

Viele Menschen tun es ganz automatisch, ohne sich groß Gedanken darüber zu machen: Bevor sie eine Getränkedose, vorzugsweise eine Cola-Büchse, öffnen, klopfen sie mit dem Finger einige Male sanft auf den Deckel und glauben, auf diese Weise dazu beizutragen, dass die Flüssigkeit beim Öffnen nicht vehement herausspritzt. Doch mit dem Klopfen bewirken sie eher das Gegenteil!

Denn das Herausspritzen ist ja gerade eine Folge von Erschütterungen, wie jeder bestätigen wird, der schon einmal eine Sektflasche geöffnet hat, die er vorher heftig bewegt hatte. Die Erschütterung hat zur Folge, dass sich innerhalb der Flüssigkeit, in der Kohlendioxid unter Druck gelöst ist, kleine Bläschen bilden, die nach oben steigen und beim Öffnen, wenn der Druck schlagartig entweicht, den flüssigen Inhalt mit sich reißen. Je nach Anzahl der Blasen, die wiederum vom Grad des Schüttelns abhängt, führt dies entweder nur zu leichtem Schäumen oder schlimmstenfalls zu explosionsartigem Herausspritzen.

Klopft man nun auf den Deckel, so »beruhigt« man die Flüssigkeit keinesfalls, sondern erhöht im Gegenteil noch die blasenbildende Unruhe. Wenn das Klopfen – wie immer wieder behauptet wird – dennoch einen Effekt hat, dann nur deshalb, weil es eine gewisse Zeit in Anspruch nimmt – Zeit, in der sich das überschüssige Kohlendioxid wieder in der Flüssigkeit auflösen kann. Werden nach dem Schütteln oder Transportieren durch das sanfte Klopfen auf den Deckel pro Zeiteinheit weniger Blasen neu gebildet als sich gleichzeitig auflösen, dann sinkt mit jeder Sekunde die Gefahr des Spritzens beim Öffnen. Wesentlich sinnvoller ist jedoch, auf das überflüssige Klopfen zu verzichten und stattdessen vor dem Aufmachen einfach ein, zwei Minuten abzuwarten.

Angebrochene Cola-Dosen gehören in den Kühlschrank!

Die Befürchtung, offene Cola-Dosen seien ungekühlt eine wahre Brutstätte für gefährliche Bakterien, ist ebenso verbreitet wie unbegründet. Das haben amerikanische Wissenschaftler erst vor kurzem eindeutig bewiesen. Mikrobiologen des Montefiore Medizin-Zentrums in New York ließen sechs Cola-Dosen nach einem Probeschluck 24 Stunden lang offen stehen und fahndeten dann im Inhalt nach möglicherweise vorhandenen gefährlichen Keimen. Doch dabei wurden sie nicht in einem einzigen Fall fündig. Zwar enthielt das Getränk Bakterien – sie stammten wahrscheinlich aus dem Mund der Probetrinker –, doch diese waren allesamt gesundheitlich vollkommen unbedenklich. Die Wissenschaftler erklären das beruhigende Ergebnis ihrer Untersuchung damit, dass wegen des niedrigen pH-Wertes beziehungsweise des hohen Säuregrades von Cola alle gefährlichen Keime abgetötet werden.

Besorgte Mütter können also vollkommen beruhigt sein, wenn ihre Sprösslinge Cola-Dosen, aus denen sie getrunken haben, bis zum nächsten Durst irgendwo im Warmen stehen lassen.

Ehrlichkeit

Ehrlich währt am längsten!

»Du sollst nicht falsch Zeugnis geben wider deinen Nächsten!« lautet das 8. Gebot der Bibel, was nichts anderes bedeutet als »Du darfst nicht lügen!« Auch das bekannte Sprichwort »Ehrlich währt am längsten« sagt im Grunde dasselbe aus. Dabei tut man sich und seinen Mitmenschen mit konsequenter Wahrheitsliebe, also damit, dass man stets unverblümt und schonungslos sagt, was man gerade denkt, absolut keinen Gefallen.

Denn Lüge ist keinesfalls gleich Lüge. Das geht schon aus der Vielzahl von Begriffen hervor, die die deutsche Sprache für den nicht ganz strikten Umgang mit der Wahrheit anbietet: Bei den Verben geht das von relativ »harmlosen« Wörtern wie flunkern und mogeln über schwindeln bis hin zu den »bösartigen« Bezeichnungen lügen, täuschen, verdrehen und verfälschen, und bei den Substantiven von Ausflucht oder Vorwand bis zu Lüge, Betrug oder Irreführung. Und tatsächlich gibt es zwischen den einzelnen Arten, nicht die Wahrheit zu sagen, ganz erhebliche Unterschiede. Oder ist es nicht im Grunde auch schon eine Lüge, wenn Eltern ihren Kindern vom Christkind, vom Weihnachtsmann oder vom Osterhasen erzählen? Und die vielen Zeichentrick- und anderen Filme, die Kindern etwas vorgaukeln, was es in Wirklichkeit gar nicht gibt – soll man sie als erlogen bezeichnen?

Die wohl häufigste Lüge besteht aus einem einzigen Wort: »gut«. Wie oft sagen wir gut, wenn wir eigentlich eher schlecht meinen! »Wie geht's?« »Gut.« – »Wie steht mir meine neue Frisur?« »Gut.« – »Schmeckt es Ihnen?« »Ja, sehr gut.« Wäre es besser, hier jedes Mal wahrheitsgemäß mit »schlecht« zu antworten? Sicher nicht! Man würde den Gesprächspartner nur unnötig kränken oder in Verlegenheit bringen, ohne damit irgend etwas zum Positiven zu verändern. Denn am eigenen Missbehagen kann er nichts ändern, die Haare sind nun einmal schon geschnitten, und das mühsam zubereitete Essen ist, wie es ist. Sich über ein Geschenk, das einem missfällt, wahrheitsgemäß abfällig zu äußern, verletzt den Schenkenden unnötig, und einer alten Dame auf die Frage »Findest du nicht, dass ich noch recht jung aussehe?« mit einem klaren »Nein, im Gegenteil!« zu antworten, mag zwar ehrlich sein, ist aber in höchstem Maße taktlos. Bei Geschenken Freude zu heucheln, ein neues Kleidungsstück oder eine andere Frisur zu bewundern oder die Kochkünste der Gastgeberin zu loben, tut nicht weh und macht den Gesprächspartner glücklich. In derartigen Fällen ist übertriebene Wahrheitsliebe sinnlos, da sie niemandem nützt, sondern im Gegenteil einen anderen Menschen unnötig verletzt. Und mit Aufrichtigkeit hat brutale Ehrlichkeit auch nur ganz am Rande zu tun; vielmehr stecken oft nichts anderes als Schadenfreude oder Skandallust hinter der scheinheiligen Fassade.

Eine Ausnahme machen da allenfalls nahe Angehörige oder sehr gute Freunde. Ihnen darf man ruhig einmal ehrlich sagen, dass ihnen der alte Haarschnitt besser gestanden hat oder das Essen vielleicht doch ein wenig versalzen ist. Wie auch in vielen anderen Lebensbereichen kommt es beim Umgang mit der Wahrheit auf »Fingerspitzengefühl« an. Der Arzt, der vor der Wahl steht, dem schwer kranken Patienten noch etwas Hoffnung und damit Lebensfreude zu lassen oder ihn mit der »nackten Wahrheit« zu Grunde zu richten, muss von Fall zu Fall entscheiden, wie er sich verhält, und diese Entscheidung wird keinesfalls immer nach dem Motto »Ehrlich währt am längsten« ausfallen dürfen. Und Frauen, die fragen, ob sie schön aussehen, wollen in der Regel auch nicht die Wahrheit hören, sondern eine charmante Lüge.

Es gelegentlich mit der Wahrheit nicht ganz so genau zu nehmen, ist also keinesfalls ein Zeichen schlechten Charakters, sondern oft schlicht ein Ausdruck von Takt, Höflichkeit, ja, sagen wir getrost: von Menschlichkeit.

Eier

Eier muss man nach dem Kochen abschrecken, damit die Schale besser abgeht!

Die meisten Rezepte, in denen gekochte Eier eine Rolle spielen, empfehlen, diese vor dem Schälen unter kaltem Wasser abzuschrecken, weil sich danach angeblich die Schale besser ablösen lässt. Doch dieser Tipp ist Unsinn: Abgeschreckte Eier lassen sich genauso gut oder schlecht schälen wie unabgeschreckte. Das Einzige, was sich durch das Abschrecken verändert (und zwar zum Negativen), ist ihre Lagerfähigkeit.

Ein Ei ist nämlich umso leichter zu schälen, je höher der Säuregehalt des Eiklars ist. Dieser ist solange recht hoch, wie das Ei im Körper des Huhns ist, sinkt kurzfristig rapide ab, sobald das Ei gelegt ist und durch die poröse Schale Kohlendioxid abgeben kann, und steigt anschließend allmählich wieder. Deshalb lässt sich das Ei am besten schälen, wenn es schon einige Tage alt ist; das Abschrecken hat darauf keinen Einfluss! Allenfalls bewirkt es, dass man das Ei besser anfassen kann, weil es nicht mehr so heiß ist, und dass der Nachgarprozess verzögert wird, sodass ein Vier-Minuten-Ei exakt in dem Zustand geöffnet wird, in dem es dem Wasser entnommen wurde.

Will man hart gekochte Eier über längere Zeit aufbewahren, so hat das Abschrecken sogar einen negativen Effekt: Wie das Schweizerische Bundesamt für Gesundheit in einer umfangreichen wissenschaftlichen Studie nachweisen konnte, bewirkt das abrupte Abkühlen, dass sich das Innere des Eis zusammenzieht, wodurch ein Unterdruck entsteht, der Wasser durch die Schale nach innen saugt. Dieses Wasser ist aber nie völlig keimfrei, und die auf diese Weise in das Ei gelangten Mikroorganismen vermehren sich darin und lassen es schneller verderben.

Das Schweizer Bundesgesundheitsamt empfiehlt daher,

zum Hartkochen ein bis zwei Wochen alte Eier zu verwenden, die infolge ihrer bereits vergrößerten Luftkammer Druckunterschiede besser ausgleichen können, und sie nach dem Kochen nicht abzuschrecken.

Frühstückseier köpft man nicht!

Wer beim Frühstück im Hotel aufmerksam, jedoch unauffällig seine Nachbarn beobachtet, wird früher oder später jemanden entdecken, der sich, nachdem ihm die Bedienung ein weich gekochtes Ei gebracht hat, dezent umblickt und dann, wenn er sicher ist, dass ihm niemand zusieht, dem Ei mit einem einzigen gezielten Messerhieb die Kappe abschlägt. Dies gilt nämlich nach wie vor als unfeine Art, die Schale zu beseitigen. Vornehmer ist es demnach, dem Ei mit einem Löffel mehrfach wohldosiert auf den Kopf zu klopfen und dann mühsam die Eierscherben abzupulen.
Doch diese Sicht der Dinge ist längst überholt, denn die Messermethode geht nicht nur rascher, sie ist auch eindeutig sauberer. Und einen eventuellen Mitfrühstücker belästigt man dadurch ebenfalls nicht. Genau genommen verhält man sich beim Eierköpfen sogar kniggegemäß: In dem altbekannten Benimmbuch kann man nämlich schwarz auf weiß nachlesen, die Schale bei frischen Eiern abzupulen, sei unangenehm und schwierig.

Erkältung

Zieh dich im Winter warm an,
sonst erkältest du dich!

»Zieh dich warm an, sonst erkältest du dich!« Wer hätte diesen Satz in der kalten Jahreszeit noch nicht gehört bzw. selbst ausgesprochen? Und dennoch besteht zwischen Kälte und dem Zustand, den wir »Erkältung« nennen, kein unmittelbarer Zusammenhang, sodass die Krankheitsbezeichnung im Grunde falsch ist.

Schnupfen, Husten und Heiserkeit sind nämlich Folgen einer Infektion der Atemwege mit Viren, und diese Viren kommen im Winter keinesfalls häufiger vor als im Sommer. Wäre eine kalte Umgebung tatsächlich die Ursache der »Erkältung«, so müssten Eskimos und Polarforscher ständig mit einer Triefnase herumlaufen. Das aber ist mitnichten der Fall. Vielmehr werden Wissenschaftler in Polarstationen sogar ausgesprochen selten von derartigen Krankheitssymptomen heimgesucht, was schlicht daran liegt, dass die dort herrschenden eisigen Temperaturen sogar den Viren zu frostig sind.

Warum ist das Risiko, sich einen Schnupfen einzufangen, dann aber im Winter größer als im Sommer? Nun, ob das tatsächlich der Fall ist, ist zum einen gar nicht so sicher, zumindest gibt es darüber keine verlässlichen statistischen Angaben; zum anderen ist es möglich – wenn auch ebenfalls noch unbewiesen –, dass nasskaltes Wetter die Abwehrkraft der Atemwegsschleimhaut herabsetzt, sodass die Viren leichteres Spiel haben. Das aber lässt sich auch durch warmes Anziehen nicht verhindern, da wir, egal, was wir anhaben, nun einmal atmen müssen.

Zahlreiche Wissenschaftler halten daher die angebliche Schwächung der Abwehrkraft durch Kälte und Nässe eher für ein Gerücht und führen als Erklärung für die Häufung grippaler Infekte während der kalten Jahreszeit die Tatsache ins Feld, dass wir uns im Winter weit öfter als im Sommer gemeinsam mit anderen Menschen in geschlossenen, geheizten Räumen aufhalten; und an Orten, an denen viele Personen eng zusammenkommen, erhöht sich nun einmal die Ansteckungsgefahr ganz erheblich.

Erste Hilfe

Einem Bewusstlosen muss man zuallererst den Puls fühlen!

Man sieht es vor allem in Spielfilmen: Jemand kommt an eine Unfallstelle und findet dort einen bewusstlosen Menschen vor. Um sich davon zu überzeugen, dass der Verunglückte noch lebt, fühlt er ihm – meist auch noch ungeschickterweise am Handgelenk – den Puls. Doch das ist falsch!

Weitaus wichtiger ist, zuerst zu prüfen, ob der Bewusstlose noch atmet. Tut er das, so schlägt auch sein Herz, denn bei einem Herz- und Kreislaufstillstand ist keine Lungentätigkeit mehr möglich. Atmet der Bedauernswerte hingegen nicht, so liegt das oft schlicht daran, dass die Luftwege – durch Zahnprothesenteile, Erbrochenes oder auch nur durch die zurückgefallene Zunge – verlegt sind. Dann ist die vordringlichste Maßnahme, diese Hindernisse zu beseitigen: Der Mund muss – auch wenn das im Einzelfall unappetitlich sein mag – unbedingt frei geräumt werden, und durch Überstrecken des Kopfes nach hinten ist dafür zu sorgen, dass der Eingang zur Luftröhre nicht mehr von der abgesackten Zunge verschlossen wird.

Atmet der Verunglückte trotz freier Luftwege nicht spontan, ist unverzüglich mit einer künstlichen Beatmung zu beginnen. Erst danach muss der Puls als Beweis für einen noch funktionierenden Kreislauf getastet werden. Wer minutenlang den Puls fühlt, ohne der Atmung Beachtung zu schenken, riskiert, dass das Unfallopfer trotz schlagenden Herzens erstickt!

Man spricht in diesem Zusammenhang auch von der ABC-Regel: Zuerst Atmung prüfen, dann gegebenenfalls Beatmen, danach den Kreislauf (Circulation) überprüfen und notfalls – falls der Helfer entsprechend ausgebildet ist – eine Herzmassage durchführen.

Nimm einem verunglückten Motorradfahrer auf keinen Fall den Helm ab, du könntest ihn umbringen!

Immer wieder ist zu hören und zu lesen, einem bei einem Unfall verletzten Motorradfahrer dürfe ein Helfer auf keinen Fall den Helm abnehmen, weil er dadurch möglicherweise eine Wirbelsäulenverletzung und damit eine Querschnittslähmung auslösen könnte. Doch das ist so nicht richtig!

Denn weitaus größer als dieses Risiko ist die Gefahr, dass der verunfallte Motorradfahrer erstickt. Ist der Betroffene ansprechbar, sollte man ihn selbstverständlich fragen, ob er etwas dagegen hat, wenn man ihm den Helm abnimmt – in der Regel wird er froh darüber sein. Ist er ohne Bewusstsein, muss man notgedrungen auf seine Einwilligung verzichten, darf sich aber dennoch nicht scheuen, den Helm abzuziehen. Dies sollte einerseits mit äußerster Vorsicht, andererseits aber auch verhältnismäßig rasch erfolgen. Am besten funktioniert das zu zweit: Der erste Helfer fasst die Helmunterkante und zieht den Kopf vorsichtig soweit in Längsrichtung, bis sein Gehilfe den Kinnriemen öffnen kann. Und diese Streckung des Kopfes muss beibehalten werden, bis der Helm behutsam nach oben abgezogen ist. Deshalb sollte stets ein Helfer den Kopf fixieren, während der andere sich am Helm zu schaffen macht.

Essen

Man braucht täglich wenigstens eine warme Mahlzeit!

Dass diese Regel nicht stimmen kann, beweisen zahlreiche Menschen, die sich während der Arbeitswoche nur ausnahmsweise einmal ein warmes Essen gönnen, sich den-

noch rundum wohl fühlen und unter keinerlei Mangeler-
scheinungen leiden. Unserem Körper ist es nämlich ganz
und gar gleichgültig, ob das, was wir uns einverleiben, kalt
oder warm ist; was allein zählt, ist ein ausgewogener Mix
an Nährstoffen, Vitaminen und Mineralien. Spätestens im
Magen gleichen sich die unterschiedlichen Speisen im Hinblick auf ihre Temperatur einander an, und all das, was
schließlich in den Darm gelangt – wo ja die eigentliche Verdauung, das heißt die Aufspaltung in die einzelnen Nahrungsbestandteile stattfindet –, hat mehr oder minder Kör-
pertemperatur, egal, ob es in kaltem oder heißem Zustand
geschluckt wurde.

Dass die Empfehlung, Speisen warm zu essen, dennoch nicht
ganz von der Hand zu weisen ist, hat einen ganz anderen
Grund: Viele für die Ernährung wichtige Nahrungsmittel –
man denke nur an Fleisch, Fisch oder auch an Kartoffeln –
sind roh nahezu ungenießbar; hinzu kommt, dass beim Garen möglicherweise darauf lebende schädliche Mikroorganismen abgetötet werden, und schließlich schmeckt vieles in
warmem Zustand einfach entschieden besser.

Iss morgens wie ein Kaiser, mittags wie ein König und abends wie ein Bettelmann!

Wer auf seine Figur achten wolle – so hört und liest man
immer wieder –, müsse sich vor allem beim Abendessen
mäßigen oder am besten ganz darauf verzichten, denn alles, was man nach 18 Uhr zu sich nehme, mache weit mehr
dick als das vorher Gegessene. Das aber ist schlicht Unsinn!
Zwar ist es durchaus möglich, dass eine kräftige, fettreiche
Mahlzeit zu später Stunde dem Betroffenen schwer im Magen liegt und ihn nachts schlecht schlafen lässt, aber auf
die Körperfülle hat sie genauso viel oder wenig Einfluss wie
das, was wir tagsüber zu uns nehmen. Erst vor kurzem
wurden die Ergebnisse einer zehnjährigen Ernährungs-

studie an 7000 Männern und Frauen veröffentlicht. Demnach gibt es zwischen Früh- und Spätessern im Hinblick auf ihr Gewicht keinen signifikanten Unterschied.

Die Regel, morgens wie ein Kaiser, mittags wie ein König und abends wie ein Bettelmann zu essen, stammt aus einer Zeit, in der die Menschen weit mehr als heutzutage gezwungen waren, schwer zu arbeiten. Da war es entscheidend, dass sie morgens etwas im Bauch hatten, um den Anforderungen des Tages gewachsen zu sein, und mittags mussten sie ebenfalls reichlich essen, um durchzuhalten. Das Abendessen nach getaner Tat war dann nicht mehr so wichtig. Zudem war das Essen knapp und musste eingeteilt werden. Da war es sicher besser, mit knurrendem Magen ins Bett zu gehen als morgens hungrig zur Arbeit. Wenn die Menschen also abends nicht mehr viel aßen, dann der Not gehorchend und nicht, weil sie um ihre gute Figur bangten.

Dass reichliches Essen am Abend keinesfalls besonders anschlägt, beweisen die Franzosen: Den weitaus größten Teil ihrer täglichen Nahrungsmenge nehmen sie in üppigen Menüs zu später Stunde zu sich, und man kann wahrlich nicht behaupten, dass sie im Durchschnitt dicker wären als wir. Für unsere Körperfülle ist entscheidend, wie viele Kalorien wir uns insgesamt zuführen und wie viele davon wir wieder verbrennen; dagegen spielt es keine Rolle, wann wir sie uns einverleiben. Jedenfalls gibt es bis heute nicht eine einzige wissenschaftliche Untersuchung, die einen derartigen Zusammenhang beweist.

Das bedeutet nun aber nicht, dass es grundsätzlich belanglos ist, wie viel wir abends zu uns nehmen, denn wer schon tagsüber isst wie ein Scheunendrescher und abends auch noch enorme Mengen in sich hineinschlingt, muss sich natürlich nicht wundern, wenn er aus der Form gerät.

Beim Essen spricht man nicht!

Niemand hat je gezählt, wie oft Kinder diesen Satz von ihren Eltern zu hören bekommen. Während der Mahlzeiten zu sprechen, gilt demnach als schlimmes Vergehen. Doch das ist absoluter Unfug!

Denn auch Benimmbücher erkennen mittlerweile an, dass es keinesfalls unhöflich, ja, im Gegenteil geradezu erwünscht ist, beim Essen zu reden. Schließlich stellt ein ausgiebiger Schmaus mit den Familienangehörigen, mit Freunden oder Geschäftspartnern unbestritten einen idealen Rahmen dar, sich zu unterhalten, Konzepte zu entwickeln oder Lösungen für Probleme zu finden. Wie sonst ist die Bezeichnung »Arbeitsessen« zu interpretieren? Schließlich sind Essen und Trinken ohne Zweifel eine höchst genussvolle Angelegenheit; die Mahlzeit ist bestens geeignet als vergnüglicher Rahmen für gemeinsame offene und vielleicht auch kontroverse Gespräche und trägt dazu bei, unnötige Spannungen von vornherein abzumildern oder gar nicht erst entstehen zu lassen. Ungezählte große Ideen sind schon während gemeinsamer Gespräche beim Essen entstanden, und ungezählte Zwistigkeiten wurden dabei geschlichtet.

In den meisten Familien, in denen die Eltern ihrem Beruf nachgehen und die Kinder die Schule besuchen, ist das gemeinsame Frühstück, Mittag- oder Abendessen praktisch das einzige Ereignis des Tages, bei dem alle zusammenkommen. Wieso sollte man eine solche Gelegenheit, vertraut miteinander zu plaudern und die anstehenden Probleme zu erörtern, ungenutzt verstreichen lassen? Wenn Eltern ihren Kindern eintrichtern, während der gemeinsamen Mahlzeiten still dazusitzen und sich Essen und Trinken wortlos einzuverleiben, tun sie damit der familiären Eintracht bestimmt keinen Gefallen. Außerdem sorgen die durch Wortbeiträge erzwungenen Esspausen auch dafür, dass man das Essen nicht in einem Zug hinunterschlingt. Allerdings gibt es ein paar Regeln, die man beim Sprechen während des Essens unbedingt beachten sollte: Zum einen sollte jeder, der mehr als nur einige wenige Worte zu sagen hat, vorher das Besteck aus der Hand legen. Mit Messer und Gabel in der Luft herumzufuchteln und das Gesagte gestenreich zu unterstreichen, gilt als sehr unhöflich. Zum anderen sollte man natürlich nicht mit vollem Mund reden. Man ist dann kaum verständlich, die teilweise zerkauten Speisen sind für den Gesprächspartner wahrlich kein schöner Anblick, und zudem besteht sogar die Gefahr, dass man ihn damit bespuckt. Deshalb gehört es auch zum guten Ton, jemandem, der gerade kaut, keine Frage zu stellen. Und man soll natürlich auch nicht den gerade genommenen Bissen unzerkaut herunterwürgen, um schnell wieder zu Wort zu kommen.

Eltern sollten den Satz »Beim Essen spricht man nicht!« vollkommen aus ihrem Sprachschatz streichen und lediglich dafür sorgen, dass die genannten wenigen Regeln von ihren Kindern befolgt werden, wenn sie sich während der Mahlzeiten ausgiebig mit ihnen unterhalten.

Der Teller wird leer gegessen!

Wie haben wir diesen Satz als Kind gehasst! Immer, wenn das Gegenteil der Lieblingsmahlzeit auf dem Teller lag, wenn man etwas in sich hineinwürgen musste, das alles andere als schmackhaft war, oder wenn man eigentlich schon längst satt war und trotzdem weiteressen musste.

Dabei ist die Regel, den Teller leer zu essen, aus gesundheitlicher Sicht in höchstem Maße bedenklich, zwingt sie ein Kind doch dazu, oftmals weit mehr zu essen, als ihm gut tut. Sicher, das Kind soll lernen, seine anfängliche Gier unter Kontrolle zu bekommen und sich nur so viel zu nehmen, wie es auch verspeisen kann; dennoch ist es weit weniger schlimm, wenn es etwas übrig lässt, als wenn es sich mit Gewalt zum Weiteressen zwingt. Nicht der leere Teller sollte als Signal zum Aufhören dienen, sondern einzig und allein das Sättigungsgefühl!

Nach neueren Untersuchungen ist in Deutschland von den achtjährigen Kindern jedes fünfte zu dick, und in den USA sogar jedes vierte. Bemerkenswert ist dabei, dass weder die ethnische Zugehörigkeit der Eltern noch sozialökonomische Faktoren daran etwas ändern, sondern dass das Gewicht der Kinder fast ausschließlich von der Sorge der Mutter um den kindlichen Ernährungszustand abhängt. Je mehr sie die Essgewohnheiten ihrer Kinder kontrolliert und unter anderem auch auf das »Leeressen« der Teller Wert legt, je mehr sie also verhindert, dass die Kinder eigene Essmechanismen entwickeln, desto größer ist die Wahrscheinlichkeit, dass diese übergewichtig werden. Immerhin ist Fettleibigkeit einer der Hauptgründe für Herz- und Kreislaufkrankheiten und vor allem dafür, dass immer mehr Kinder frühzeitig an einer Form der Zuckerkrankheit leiden, die ansonsten erst bei übergewichtigen Erwachsenen im fortgeschrittenen Alter auftritt.

Eltern sollten es sich daher schleunigst abgewöhnen, ihre Kinder mit Sätzen wie »Es wird gegessen, was auf den Tisch kommt!« oder eben »Der Teller wird leer gegessen!« zu übergewichtigen Vielessern zu erziehen.

Mit Essen spielt man nicht!

Kein Kind, das diese Ermahnung nicht zu hören bekäme, und das in der Regel nicht nur ein einziges Mal, sondern immer und immer wieder. Dahinter steckt die Aussage: »So viele Menschen auf der Welt müssen hungern, da solltest du dankbar sein, nicht dazuzugehören, und das Essen entsprechend würdigen!«

Dabei ist natürlich keinem einzigen Unterernährten in einem Entwicklungsland geholfen, wenn ein Kind einer westlichen Industrienation die täglichen Mahlzeiten feierlich schweigend verzehrt und dabei jeden Spaß peinlich vermeidet. War es seinerzeit nicht schön, die Buchstabennudeln vor dem Essen zu fantasievollen Wörtern zusammenzufügen? Oder aus Kartoffelbrei und Sauce eine Burg mit Graben zu bauen, bevor man sie aß? Dem entfernt sitzenden Bruder das gewünschte Brötchen zuzuwerfen? Und ist es nicht auch eine Art Spiel, wenn Spitzenköche die Ingredienzen eines eleganten Mahls auf dem Teller zu wahren Kunstwerken drapieren? Spiel bedeutet Freude, und warum darf man am Essen keine Freude haben? Natürlich ist es nicht ratsam zu übertreiben (aber das gilt für vieles andere ja auch) und einem Kind zu gestatten, mit seinem Brei herumzuwerfen und das Essen über den ganzen Tisch zu verteilen. Die Regel sollte lauten »Mit Essen spielt man nur so, dass man es auch nach dem Spielen noch essen kann.« Aber mit der pauschalen und ständig wiederholten Ermahnung »Mit Essen spielt man nicht!« tut man der seelischen Entwicklung der Kinder ganz sicher keinen Gefallen!

Es ist (nicht) fein, beim Essen und Trinken den kleinen Finger abzuspreizen!

Immer wieder beobachtet man Zeitgenossen – bevorzugt ältere Damen –, die beim Essen und vor allem beim Heranführen einer Tasse an den Mund graziös den kleinen Finger abspreizen. Offenbar halten sie das für besonders vornehm und machen sich daher keine Gedanken darüber, dass ein solches Benehmen heutzutage weder fein noch unfein, sondern vor allem ganz und gar überflüssig ist.

Das Abspreizen stammt nämlich noch aus einer Zeit, in der der Gebrauch eines Taschentuchs unbekannt war, sodass die Notwendigkeit bestand, die Nase, die angesichts scharf gewürzter Speisen – Gewürze waren das einzige, womit der eintönige Speiseplan früherer Jahrhunderte belebt werden konnte – oft lief oder tropfte, mit dem Finger abzuwischen, um den auf diese Weise abgestreiften Schleim anschließend diskret zu entsorgen. Zu diesem Zweck verwendete man üblicherweise den kleinen Finger, der dadurch verständlicherweise in nicht gerade appetitlichem Zustand war. Da man diesen Finger keinesfalls mit Ess- oder Trinkbarem in Berührung bringen wollte – zumal in Zeiten, da das Essen mit Besteck noch nicht selbstverständlich war –, war es durchaus sinnvoll, ihn bei der Nahrungsaufnahme betont abzuwinkeln. Heutzutage jedoch, wo zum Zweck der Nasenreinigung Taschentücher gang und gäbe sind, ist diese Vorsichtsmaßnahme ganz und gar entbehrlich und wirkt eher reichlich maniert und snobistisch.

Fenster

Putze Fenster nicht bei Sonnenschein, sonst entstehen hässliche Streifen!

Hausfrauen und -männer kennen das Problem: Da putzt man ein Fenster mit aller Sorgfalt, verwendet Wasser, Reinigungsmittel, Papier und Leder, reibt, wischt und poliert – und weil die Sonne scheint, sieht man danach vor allem eines: hässliche Streifen und Schlieren. Doch das muss nicht sein!

Ursache der Schlieren sind nämlich eingetrocknete Überreste des Reinigungsmittels mit darin gelöstem Schmutz. Wenn man sie vermeiden will, kommt es also darauf an, die gesamte Flüssigkeit vollständig zu entfernen, solange das Fenster noch nass ist, und das ist eben bei Sonnenwärme, wenn das Wasser rasch verdunstet, schwieriger als bei bedecktem Himmel. (Außerdem sieht man die Streifen bei Sonnenschein einfach besser, obwohl sie bei falscher Putztechnik natürlich auch dann da sind, wenn der Himmel bedeckt ist.) Letztendlich sind die Streifen das Resultat einer unzureichenden Reinigungstechnik. Professionelle Fensterputzer haben damit keine Probleme. Dazu Manfred Schmidt vom Bundesverband des Gebäudereiniger-Handwerks: »Hausfrauen putzen in der Regel wie zu Großmutters Zeiten. Sie arbeiten mit viel Wasser, das anschließend penibel bis in die Ecken trockengerieben wird. Profis verwenden dagegen entweder nur sehr wenig Wasser, sodass nach dem Ablerden gar kein Trocknungsgang mehr erforderlich ist, oder viel Wasser, das in der Fläche mit dem Fensterwischer abgezogen, aber nicht mehr, wie früher, poliert wird.« Worauf es also ankommt, ist die Flüssigkeit in einem Arbeitsgang, ohne zwischenzeitlich abzusetzen, vollkommen vom Fenster zu entfernen, und das ist – entsprechende Übung vorausgesetzt – praktisch nur mit einem professionellen Gummiabzieher möglich.

Fernsehen

Schalte den Fernseher nicht dauernd ein und aus, sonst geht die Bildröhre kaputt!

Fernsehen ist der Deutschen Lieblingsbeschäftigung. Und wenn zwischendurch eine Sendung kommt, die sie nicht interessiert, lassen viele das Gerät weiterlaufen, weil sie befürchten, die Bildröhre könnte durch zu häufiges Ein- und Ausschalten Schaden nehmen. Das ist jedoch keinesfalls zu befürchten!
Denn die Belastung durch Stand-by-Betrieb oder Einschaltknopf ist so gering, dass die Röhre, auch wenn das Gerät ständig ein- und ausgeschaltet wird, diese Behandlung über viele Jahre hinweg problemlos aushält. Wenn der Fernseher ausgemustert wird, dann mit großer Wahrscheinlichkeit, weil sein Design nicht mehr modernen Anforderungen entspricht oder weil er nicht genügend Programmspeicher besitzt; wegen einer defekten Bildröhre aufgrund des häufigen Ein- und Ausschaltens jedenfalls nicht.

Sieh nicht zu viel fern,
das schadet deinen Augen!

Das ist eine oft gehörte Warnung, mit der Eltern versuchen, ihre Kinder abends vom Bildschirm weg ins Bett zu bekommen. Aber dennoch ist sie falsch!

Zwar ist es durchaus möglich, dass der Kontrast zwischen dem hellen Schirm und dem umgebenden dunklen Zimmer die Augen vorübergehend ermüdet, dadurch ist jedoch nach umfangreichen Untersuchungen amerikanischer Augenärzte keine nachhaltige Schädigung zu befürchten. Auch durch das grelle Licht des Fernsehers, eine ungünstig platzierte Lampe oder eine andere Lichtquelle im Raum besteht keinerlei Gefahr. Selbst wenn Kinder unnötig nah vor dem Bildschirm sitzen – was die meisten von ihnen nur allzu gerne tun –, muss man sich keine Sorgen machen, dass sie vielleicht kurzsichtig werden oder andere nachteilige Folgen davontragen könnten. (Vgl. jedoch Baby: »Lass ein Baby nicht im Dunkeln schlafen!«, S. 25.)

Fisch

Fisch isst man mit dem Fischbesteck!

Bestellt man in einem Restaurant ein Fischgericht, braucht man nicht lange zu warten, bis der Ober oder die Kellnerin dezent das bereitliegende Messer gegen ein stumpfes mit breiterer Klinge austauscht und somit dafür sorgt, dass für das anschließende Mahl ein Fischbesteck zur Verfügung steht. Das ist jedoch im Grunde ganz und gar überflüssig! Die Mitte des 19. Jahrhunderts eingeführten speziellen Fischmesser unterschieden sich von ihren gewöhnlichen Vettern nämlich gar nicht in erster Linie durch ihre Form, sondern vor allem durch die Tatsache, dass sie nicht aus Stahl, sondern aus feinem Silber bestanden. Diesem konnte der säurehaltige Fischsaft nichts anhaben, vor allem ließ er an dem Silber keinen Rost entstehen, der den Geschmack des Fisches unangenehm verändert hätte. Da man eine Schneide aus Silber jedoch nicht scharf schleifen kann, war ein solches Messer stets stumpf, was beim Zerteilen eines weichen Fisches aber keine Rolle spielte.

Heute, wo Tischbestecke nicht mehr aus gewöhnlichem Stahl bestehen, gibt es eigentlich keinerlei Grund, beim Verzehr von Fisch ein spezielles Messer zu benützen. Wenn man in einem Restaurant dennoch nach wie vor eines vorgelegt bekommt, so einzig und allein deshalb, weil die Verwendung eines Fischbestecks Tradition ist und irgendwie zum guten Ton gehört. Und damit der Gast auch erkennt, wie zuvorkommend er bedient wird, hat man die eigentümliche Form des Fischmessers einfach beibehalten.

Fisch muss schwimmen!

Unzählige Feinschmecker führen diese alte Regel als Rechtfertigung an, wenn sie bei einer Fischmahlzeit dem Bier und vor allem dem Wein weit mehr zusprechen als bei anderen Speisen. Dabei gibt es überhaupt keinen vernünftigen Grund, warum man beim Genuss von Fisch mehr trinken sollte als beispielsweise beim Verzehr von Fleisch oder Gemüse!

Dazu Bruno Baumann von der Ernährungsberatungsstelle »Foodnews«: »Aus ernährungsphysiologischer Sicht sehe ich absolut keinen Grund für einen erhöhten Flüssigkeitsbedarf im Zusammenhang mit fischreicher Kost. Fisch gilt sogar als sehr gut verdaulich und wegen des hohen Proteingehalts als besonders wertvoll. Dass man viel trinken soll, ist eine ganz allgemeine Forderung, die nichts mit Fisch zu tun hat.«

Aber vielleicht ist das mit dem Fisch, der schwimmen muss, ja auch ganz anders gemeint; in dem Sinne nämlich, dass

ein Fisch vor der Schlachtung beziehungsweise Zubereitung normal schwimmen sollte, da dies als Anzeichen guter Gesundheit gewertet werden kann. Wenn sich ein Fisch
im Aquarium eines Restaurants nur noch in Schieflage
durchs Wasser quält oder gar mit dem Bauch nach oben
treibt, ist er für den Verzehr sicher nicht geeignet. Dass ein
Fisch schwimmen soll, bezieht sich dann also auf die Zeit
vor seinem Tod; liegt er erst einmal appetitlich angerichtet
auf dem Teller, hat weder er selbst noch derjenige, der ihn
verzehrt, etwas davon, wenn dazu reichlich alkoholische
Getränke fließen.

Karpfen darf man nur
in Monaten mit »r« essen!

Besonders im Fränkischen ist der gebackene Karpfen von
der Speisekarte eines guten Restaurants nicht wegzuden-
ken. Knusprig aus dem schwimmenden Fett und zusammen mit Kartoffelsalat verspeist, ist er ein ausgesproche-
ner Genuss. Aber nur in den Monaten mit »r«, also in der
kühlen Jahreszeit von September bis April, wird er ange-
boten, in den Sommermonaten muss der Karpfenfreund
schweren Herzens darauf verzichten. Dabei besteht für diese Beschränkung überhaupt kein Grund!
Die Regel, den Karpfen nicht in den warmen Monaten von
Mai bis einschließlich August zu verspeisen, stammt nämlich noch aus einer Zeit, in der es unmöglich war, Fische –
egal, ob lebend oder geschlachtet – bei Wärme unbescha-
det zu transportieren. Eine derartige Beförderung wäre
aber heutzutage mit den Methoden der modernen Kühl-
technik selbst über größere Strecken überhaupt kein Problem mehr. Deshalb könnte auch der gewiefteste Karpfen-
kenner die Fischmahlzeit im Sommer qualitativ nicht von
der im Winter unterscheiden. Dass man dennoch an der
eigentlich unsinnigen r-Regel festhält, hat ausschließlich

traditionelle Gründe und trägt dazu bei, dem Fischfreund die Vorfreude auf die beliebte »Saisonspeise« zu erhalten.

Fleisch

Brate Fleisch scharf an, dann schließen sich die Poren!

Fast in jedem Kochbuch wird empfohlen, Fleischstücke bei der Zubereitung zunächst in sehr heißes Fett zu legen, weil sich auf diese Weise angeblich die Poren schließen, sodass der Fleischsaft nicht mehr austreten kann und das Steak oder der Braten »außen knusprig und innen saftig« wird. Dass das so nicht stimmen kann, merkt man sofort, wenn man auf das fertig gebratene Fleisch drückt: Sofort tropft Saft heraus. Doch im Grunde bedarf es dieses Druckes gar nicht, denn auch wenn man den Braten nur kurz auf dem Teller liegen lässt, bildet sich drumherum rasch ein kleiner Saftsee. Und während des Bratens, wenn ja angeblich kein Saft mehr austritt, zischt und brutzelt es, und eine kleine Dampfwolke signalisiert, dass sehr wohl Flüssigkeit das Fleisch verlässt. Zudem sammelt sich in der Pfanne der Fond, der ja ebenfalls aus dem Fleisch stammt.

Das ist auch nicht weiter verwunderlich, da ein Stück Muskelfleisch an seiner Oberfläche eben aus Muskelzellen besteht und – anders als die äußere Haut – überhaupt keine Poren besitzt, die sich schließen könnten. Die starke Hitze bewirkt lediglich, dass sich das Eiweiß an der Außenseite rasch in eine knusprige, jedoch keinesfalls flüssigkeitsundurchlässige Kruste verwandelt; darauf, wie saftig das Fleisch nach dem Braten ist, hat es aber keinen Einfluss.

Dennoch hat das scharfe Anbraten einen Sinn: Es führt zur Umwandlung von Zucker und Eiweißbestandteilen in die nicht nur dunkle, sondern auch überaus wohlschmeckende Kruste. Lebensmittelchemiker sprechen in diesem Zusammenhang von der »Maillard-Reaktion«, weisen allerdings darauf hin, dass dadurch zwar das Aroma steigt, das Fleisch jedoch ernährungswissenschaftlich an Wert verliert, da die Bausteine der Eiweiße, die Aminosäuren, auf diese Weise in Verbindungen umgewandelt werden, die für den Organismus schlecht zu verwerten oder gar völlig unbrauchbar sind.

Wenn du kein blutiges Steak magst, brate es gut durch!

Bestellt man im Lokal ein Steak, so wird der Kellner unweigerlich fragen: »Medium oder durch?« Und obwohl fast jeder Gast weiß, dass das Fleisch durch übermäßig langes Garen unnötig zäh wird, bestellt doch so mancher sein Steak »durchgebraten«, mit der Begründung, er möge nun einmal kein blutiges Fleisch. Dieses Argument ist jedoch alles andere als stichhaltig!

Denn im Steak ist in dem Moment, in dem es in die Pfanne kommt, praktisch kein Blut mehr enthalten. Das, was da so rot aus dem Fleisch tropft, ist nichts weiter als Saft, und seine Farbe verdankt er nicht dem Hämoglobin des Blutes, sondern dem Myoglobin der Muskeln. Hierbei handelt es sich um ein Eiweiß, das Sauerstoff an sich bindet, um ihn dem Muskel bei körperlicher Aktivität möglichst unverzüglich zur Verfügung stellen zu können. Dass das Myoglobin im Muskel ebenso rot ist wie das Hämoglobin im Blut, hängt mit dem sehr ähnlichen chemischen Aufbau zusammen.

Da der Bedarf an Sauerstoffdepots in der Muskulatur von Tierart zu Tierart stark abweicht, enthalten verschiedene Fleischarten unterschiedliche Mengen an Myoglobin. Doch egal, wie rot es bei einem medium oder gar englisch gebratenen Steak auf dem Teller wird – mit Blut hat das nichts zu tun.

Gelenke

Knacke nicht mit den Gelenken, sonst werden die steif!

Manche tun es aus Nervosität, andere erfreuen sich an dem Gefühl, wenn die Spannung im Gelenk plötzlich mit vernehmlichem Knacken nachlässt, und wieder andere wollen mit dem Geräusch offenbar ihre Mitmenschen ärgern. Gemeinsam ist ihnen allen die Vorliebe, Finger- oder Zehengelenke so lange zu verbiegen oder an ihnen zu zerren, bis es auf einmal mehr oder minder laut und scharf knallt.

Dass diese Vorliebe gefährlich sein soll, dass man dadurch Gicht bekommen kann oder dass die Gelenke auf Dauer steif werden, ist jedoch purer Unfug, der vermutlich von Personen in die Welt gesetzt worden ist, denen das Geknacke ihrer Mitmenschen auf die Nerven ging. Der Knall entsteht, wenn die sich im Gelenk berührenden Knochen durch den Zug auseinander schnappen. In dem dadurch weiter gewordenen Gelenkspalt entsteht ein Unterdruck, woraufhin sich wie in einer geöffneten Sprudelflasche innerhalb der Gelenkflüssigkeit kleine Gasbläschen bilden. Eine zeitweilige Schonung des Gelenks ist schon allein dadurch gewährleistet, dass es eine ganze Weile – etwa 10 bis 30 Minuten – dauert, bis sich die Bläschen wieder aufgelöst haben. In dieser Zeitspanne kann man noch so sehr an den Fingern drehen und ziehen, auf das befreiende Knacken wartet man vergeblich.

Gewitter

Eichen sollst du weichen,
Buchen sollst du suchen!

Das ist vielleicht der populärste Merkspruch zum Verhalten im Gewitter. Doch ebenso wie die weniger bekannte Variante »Weiden sollst du meiden, Linden sollst du finden« ist er schlicht Nonsens!

Wahr daran ist allenfalls der jeweils erste Teil, denn grundsätzlich ist jeder Baum denkbar ungeeignet, um bei einem Gewitter darunter Schutz zu suchen. Ein Blitz schlägt nun einmal besonders gern in das höchste Objekt ein, und das kann eben eine Eiche genauso sein wie eine Buche, eine Weide oder eine Linde.

Wie ist dann aber diese Regel entstanden? Nun, verantwortlich ist dafür wohl die sichtbare Zerstörung, die ein Blitzschlag an den unterschiedlichen Bäumen hinterlässt. Die ist nämlich bei einer Eiche erheblich gravierender als bei einer Buche, was damit zusammenhängt, dass die dicke, rissige, mit Wasser voll gesogene Eichenborke den Blitz rasch in das Innere des Baumes leitet, wo er erhebliche Verwüstungen anrichtet, während das Wasser an der glatten Rinde einer Buche außen abläuft und den Blitz um den Baum herumlenkt, ohne dass dieser übermäßig stark geschädigt würde. Für einen Menschen, der darunter steht, ist die Gefahr jedoch in beiden Fällen gleich groß.

Wenn man also in einem Wald von einem Gewitter überrascht wird, ist es grundfalsch, unter einem Baum Zuflucht zu suchen. Vielmehr empfehlen Experten, sich an einer möglichst trockenen Stelle, am besten in einer Mulde, niederzuhocken und abzuwarten, bis Blitz und Donner vorüber sind.

Gehe nie bei Gewitter in die Badewanne!

Immer wieder wird davor gewarnt, während eines Gewitters zu duschen, ein Vollbad zu nehmen oder auch nur zu telefonieren. Zu groß sei die Gefahr, dass sich ein Teil des Blitzstroms seinen Weg über die metallenen Wasserrohre oder das Telefonkabel suche. Das aber ist in einem Haus mit ordnungsgemäßer Sanitär- und Elektroinstallation nicht zu befürchten.

Sofern das Wasserrohrnetz beziehungsweise die Telefonanlage geerdet und das Haus durch Erdkabel mit den unterirdisch verlegten öffentlichen Telefonkabeln verbunden ist, besteht keinerlei Risiko. Gefährdet sind beim Telefonieren während eines Gewitters allenfalls Menschen, deren Apparat über eine auf Masten verlegte Zuleitung an das Netz angeschlossen ist, wie das beispielsweise in etlichen Gebirgshütten der Fall ist. Anders verhält es sich mit dem Fernseher (vgl. Epilog, S. 144).

Haare

Bürste dir oft die Haare,
dann bleiben sie gesund und glänzen schön!

Nicht wenige Mädchen verbringen Tag für Tag eine beträchtliche Zeit damit, ihre langen Haare unermüdlich immer wieder durchzubürsten, in der festen Überzeugung, das tue ihrem Kopfschmuck gut und lasse ihn verführerisch glänzen. Doch die Mühe könnten sie sich getrost, ja, sollten sie sich sogar sparen, denn ihrer Mähne tun sie damit alles andere als einen Gefallen!

Ständiges Bearbeiten bedeutet für die Haare – vor allem, wenn Kamm oder Bürste aus Kunststoff sind – unnötigen Stress und zerstört auf Dauer nur die äußere Hornschicht. Folge: Sie werden spröde und können schlimmstenfalls sogar brechen. Dass sie nach dem Bürsten so hübsch glänzen, liegt einzig und allein am Fett der Kopfhaut, das wegen der fortwährenden Massage der Talgdrüsen reichlich fließt und bis in die Haarspitzen verteilt wird. Über den Gesundheitszustand der Haare sagt der Glanz überhaupt nichts aus – er überdeckt nur das bürstenbedingte Strohigwerden, das ansonsten bald auffallen würde.

Rasiere dir nicht die Beinhaare weg, sonst wachsen sie immer dichter!

Junge Männer hoffen darauf, und junge Mädchen fürchten sich davor, mit dem Abschneiden von Körperhaaren deren Wachstum anzuregen. Das aber ist ganz und gar unmöglich!

Schnelleres und dichteres Wachstum durch häufiges Schneiden kann man allenfalls bei Graspflanzen erreichen, die auf das ständige Mähen mit der Bildung neuer Ausläufer reagieren. Bei Haaren gibt es derartige Ausläufer jedoch nicht; vielmehr wird jedes einzelne von seiner Wurzel her gebildet. Nur dort lebt es, und nur dort kann sein Wachstum beeinflusst werden. Der sichtbare Teil dagegen ist totes Hornmaterial, an dem es absolut nichts gibt, was den haarbildenden Zellen mitteilen könnte, wie lang das Haar ist oder wie und wann es geschnitten wurde. Somit hat die Haarwurzel keinerlei Möglichkeit, auf häufiges Schneiden in irgendeiner Form zu reagieren.

Dasselbe gilt auch für das Rasieren, und zwar überall am Körper! Dass nachsprießende Haare oft kräftiger wirken als vor dem Abscheren, liegt vermutlich daran, dass sie an ihrer dicksten Stelle durchtrennt wurden und der spitz zulaufende, zartere Teil nun fehlt.

Geh nicht mit nassen Haaren raus, sonst erkältest du dich!

Die Haare nach dem Waschen nur oberflächlich abtrocknen und dann raus ins Freie – für viele ist das, zumal wenn es draußen kühl ist, eine absolut sichere Methode, krank zu werden, sich das einzufangen, was man landläufig eine → Erkältung nennt. Und weil das schon unsere Großeltern beharrlich unseren Eltern und diese wiederum uns eingeschärft haben, glauben wir einfach daran und trauen uns nicht, einmal die Probe aufs Exempel zu machen: einfach einmal mit triefnassen Haaren hinauszugehen ins Freie und zu sehen, was passiert. Tatsache ist nämlich, dass die Frage, ob unsere Haare trocken, feucht oder gar tropfnass sind, mit dem Risiko, uns einen grippalen Infekt zuzuziehen, überhaupt nichts zu tun hat.

Wenn wir uns erkälten, wenn wir Husten, Schnupfen, einen kratzigen Hals, Kopfweh und Fieber bekommen, dann nicht deshalb, weil die Außentemperatur besonders niedrig ist, sondern weil wir uns mit so genannten Rhinoviren angesteckt haben. Von denen gibt es mehr als 200 unterschiedliche Typen, die allesamt so winzig sind, dass mehr als eine Billion auf einer einzigen Euro-Münze Platz hätten. Warum eine derartige Infektion in der kühlen Jahreszeit häufiger vorkommt als im Sommer, ist der Wissenschaft noch nicht ganz klar. Möglicherweise liegt es an der verminderten Durchblutung der Nasenschleimhaut, die dadurch weniger Abwehrzellen an die Stelle befördern kann, wo die tückischen Viren angreifen. Oder daran, dass die kleinen Flimmerhärchen auf der Nasenschleimhaut, deren Aufgabe es ist, ungebetene Eindringlinge gleich wieder nach außen zu befördern, weniger aktiv sind. Doch das ist alles bloße Theorie, die, sofern sie überhaupt stimmt, nur das Naseninnere betrifft. Die Haare auf dem Kopf haben damit – egal, ob sie nun lang oder kurz, hell oder dunkel, trocken oder nass sind – gar nichts zu tun.

Mit feuchten Haaren im Freien herumzulaufen, ist – zumal im Winter – sicher kein angenehmes Gefühl, es lässt uns frösteln und uns unwohl fühlen. Aber dass wir uns deshalb leichter Erkältungsviren einfangen und krank werden, ist nichts weiter als ein Ammenmärchen.

Haut

Trinke reichlich, dann behältst du eine glatte Haut!

Dass vertrocknetes Obst infolge nachlassender Spannung der Schale faltig und schrumpelig wird, hat jeder schon einmal beobachtet. Und dass sich dieser Zustand rasch ändert, wenn man die Frucht in Wasser legt, möglicherweise auch. Da liegt es nahe, denselben Mechanismus ganz einfach auf die menschliche Haut zu übertragen und für deren Faltigwerden im Alter allein mangelnde Flüssigkeitszufuhr verantwortlich zu machen. Doch so einfach ist die Sache nicht! Denn wie sämtliche anderen Gewebe und Organe unterliegt auch unsere Haut einem natürlichen Alterungsprozess, in dessen Folge sie in all ihren drei Schichten dünner, weniger elastisch und brüchiger wird. Im Lauf der Jahre und Jahrzehnte legt sie sich daher immer mehr in Falten, die dann – so unerfreulich das zum Teil auch sein mag – bestehen bleiben. Ein gewisser Trost besteht allenfalls in der Tatsache, dass dieser Prozess nicht bei allen Menschen gleich schnell und gleich ausgeprägt vonstatten geht, da er maßgeblich von inneren und äußeren Faktoren beeinflusst wird. Von innen heraus spielen vor allem der Stoffwechsel, das Immunsystem, aber auch Erbanlagen eine Rolle, während von den äußeren Einflüssen vor allem häufige Sonnenbestrahlung zur Faltenbildung beiträgt. Aber auch starkes Rauchen lässt die Haut erheblich schneller altern. Da dieser Prozess so gut wie nichts mit dem Verlust von

Flüssigkeit zu tun hat, kann man ihn durch reichliches Trinken auch nicht aufhalten. Trotzdem ist es natürlich sinnvoll und gesund, ausreichend zu trinken – nur hat dies eben nichts mit der Haut zu tun.

Hornissen

Hüte dich vor Hornissen – drei Stiche können tödlich sein!

»Drei Hornissenstiche töten einen Menschen, sieben ein Pferd«, hört man bisweilen. Und selbst von den Menschen, die daran nicht so ganz glauben, sind viele der Meinung, Hornissen seien höchst gefährliche und angriffslustige Ungeheuer, deren Stich man unter allen Umständen vermeiden müsse.

Dabei sind Hornissen – sie sehen aus wie überdimensionale Wespen und gehören biologisch auch zu ihnen – außerordentlich friedliebende Insekten, die vor einer vermeintlichen Gefahr viel lieber fliehen als anzugreifen. Sie stechen weitaus seltener als die kleineren Wespen oder Bienen und nur dann, wenn sie absolut keinen anderen Ausweg mehr sehen – etwa in unmittelbarer Nestnähe, wenn sie sich akut bedroht fühlen. Und wenn sie stechen, dann ist der Stich keinesfalls gefährlicher als der von Wespen – und übrigens auch nicht schmerzhafter. Selbst kleine Tiere können mehrere Hornissenstiche unversehrt überleben. Und für einen Menschen oder gar ein Pferd bedeuten sogar mehrere Stiche gleichzeitig – ein extrem seltenes Ereignis – kein besonderes Risiko. Die einzige Ausnahme sind Menschen, die gegen das Hornissengift allergisch sind; doch das ist bei Bienen- oder Wespenstichen auch nicht anders.

Hund

**Wenn du das Alter eines Hundes
mit dem eines Menschen vergleichen willst,
multipliziere es mit sieben!**

Hunde werden durchschnittlich etwa 10 bis 14 Jahre alt, was – optimistisch gerechnet – ungefähr einem Siebtel der menschlichen Lebensdauer entspricht. Doch daraus den Schluss zu ziehen, man müsse das Alter eines Hundes mal sieben nehmen, um ihn hinsichtlich seiner Entwicklung mit uns Menschen vergleichen zu können, ist falsch!

Denn erstens sterben große Hunde in der Regel deutlich früher als kleine: Nur ungefähr jeder zehnte Bernhardiner wird älter als zehn Jahre. Zweitens verläuft die Entwicklung eines Hundes ganz anders als die eines Menschen, nämlich vor allem in den ersten beiden Lebensjahren weitaus stürmischer. Mit eineinhalb – das würde nach der Siebener-Regel zehn Menschenjahren entsprechen – zählt ein Hund bereits zu den Erwachsenen und ist schon eine ganze Weile geschlechtsreif. In diesen ersten beiden Lebensjahren ist also ein Multiplikationsfaktor von etwa 14 zu Grunde zu legen, was einen zwei Jahre alten Hund mit einem 28-jährigen Menschen auf eine Altersstufe stellt. Danach zählt ein Hundejahr nur noch wie etwa vier bis fünf Menschenjahre: Ein sechs Jahre altes Tier entspricht demnach hinsichtlich seiner Entwicklung in etwa einem 44-jährigen ($2 \times 14 + 4 \times 4$) und ein Hundegreis von 15 einem 80 bis 90 Jahre alten Menschen.

Doch auch diese Berechnungsmethode ist höchst fragwürdig und wird dem tatsächlichen Altersvergleich nicht gerecht. Das geht allein schon aus der Tatsache hervor, dass eine Hündin bis ins Greisenalter Mutter werden kann, was beim Menschen ganz und gar unmöglich ist. Außerdem betrug das höchste bekannte Sterbealter eines Hundes – eines »Australian Blue Heeler« – sage und schreibe knapp

30 Jahre, was einem 145-jährigen Menschen (!) entspräche. Ob dieser Hundemethusalem auch noch jeder läufigen Hündin nachgestiegen ist, ist allerdings nicht überliefert.

Hunde, die bellen, beißen nicht!

Ein uraltes Sprichwort, und dennoch falsch! Denn das Bellen eines Hundes kann viele verschiedene Ursachen und Absichten haben: Je nach Klang kann es freudige Erregung, aber auch Angst, Unruhe oder Traurigkeit ausdrücken. Und natürlich Wut! Vor allem, wenn ein Hund laut bellend sein Revier verteidigt, ist seine Lautäußerung durchaus als Warnung zu verstehen und kündigt möglicherweise einen unmittelbar bevorstehenden Angriff auf denjenigen an, der sich nicht darum schert. Steht der Hund dabei sehr aufrecht, streckt den Schwanz steil in die Höhe, bleckt die Zähne und sträubt die Nackenhaare, dann ist jeder gut beraten, den Spruch von den bellenden Hunden, die angeblich nicht beißen, möglichst schnell zu vergessen und sich umgehend in Sicherheit zu bringen!

Intelligenz

Der Klügere gibt nach!

Natürlich soll diese uralte Regel besagen, dass es kein Zeichen übermäßiger Intelligenz ist, grundsätzlich stur auf einer einmal gefassten Meinung zu beharren und diese allen Andersdenkenden kompromisslos aufzudrängen; dass man so manchen unnötigen Streit vermeiden oder einem bereits ausgebrochenen die Spitze nehmen könnte, wenn man dem anderen Recht gäbe.

Doch im Grunde wäre es höchst fatal, wenn sich jeder immer und überall an diesen Rat halten würde. Marie v. Ebner-Eschenbach hat es einmal treffend formuliert: »Der Klügere gibt nach – eine traurige Wahrheit: Sie begründet die Weltherrschaft der Dummen!«

Tatsächlich lässt sich der Spruch ja ohne weiteres umdrehen, ohne dadurch seine Kernaussage zu verlieren: »Der Dümmere setzt sich durch!« Und das kann doch wirklich niemand wollen. Nicht auszudenken, wenn Politiker bei wichtigen Entscheidungen nach dieser Maxime verführen oder wenn der Lehrer sich stets der falschen Auffassung seines Schülers anschlösse!

Es wäre demnach sicher angebracht, die Regel folgendermaßen umzuformulieren: »Der Klügere gibt nach, solange er dadurch nicht am Ende selbst der Dumme ist!«

Jogurt

Schlecke nie den Deckel eines Jogurtbechers ab, der ist giftig!

Diese Behauptung wird vor allem von Zeitgenossen aufgestellt, denen beim Essen und Trinken jegliches Lusterleben abhanden gekommen ist, weil sie ständig befürchten, durch diese oder jene Nahrungsbestandteile krank zu werden. Und wenn das Produkt selbst unbedenklich ist, dann ist es eben die Verpackung, von der Gefahren ausgehen.

Dabei ist die Befürchtung, der Aluminiumdeckel eines Jogurtbechers gebe pharmakologisch wirksame, ja vielleicht sogar giftige Substanzen ab, die den Jogurt haltbarer oder vielleicht auch nur appetitlicher machten, für uns Menschen jedoch gesundheitsschädlich wären, vollkommen absurd!

Sonst wären die Jogurtdeckel-Phobiker schon längst erfolgreich vor Gericht gezogen. Denn Paragraph 131 des »Lebensmittel- und Bedarfsgegenständegesetzes«, kurz »LMBG« genannt, verbietet es, »Gegenstände so in den Verkehr zu bringen, dass von ihnen Stoffe auf Lebensmittel oder deren Oberfläche übergehen, ausgenommen gesundheitlich, geruchlich und geschmacklich unbedenkliche Anteile, die technisch unvermeidbar sind«. Und eine Beschichtung der Aluminiumdeckel mit für Menschen gefährlichen Stoffen wäre eben gesundheitlich außerordentlich bedenklich und darüber hinaus keinesfalls unvermeidlich.

Jungen

Reiß dich zusammen, Jungen weinen nicht!

Diese Ermahnung haben fast alle Männer im Lauf ihrer Entwicklung mehr als einmal zu hören bekommen, und auch heute noch wird sie heranwachsenden Jungen mit erhobenem Zeigefinger immer und immer wieder eingetrichtert: »Reiß dich zusammen! Jungen lassen sich nicht gehen! Ein Indianer kennt keinen Schmerz! Du bist doch kein Mädchen!«
Dabei ist jedem Jungen dann und wann ganz entschieden nach Weinen zumute: wenn er sich ungerecht behandelt fühlt zum Beispiel, wenn eine Freundschaft oder gar die elterliche Ehe in die Brüche geht oder wenn Liebeskummer ihn zur Verzweiflung treibt und er das Gefühl hat, alles sei zu Ende. In derart quälenden Momenten wirkt hemmungsloses Schluchzen nicht nur außerordentlich befreiend, sondern die Tränen spülen tatsächlich einen Großteil des aufgestauten Stresses fort und schützen so vor dem Sturz in abgrundtiefe Traurigkeit, die sich in schlimmen Fällen zu schweren Depressionen entwickeln kann. Und das gilt für Jungen genauso wie für Mädchen! Schließlich ist Weinen ein vollkommen normaler körperlicher Prozess, der vom vegetativen, nicht unserem Willen unterworfenen Nervensystem unter Vermittlung von Hormonen ausgelöst wird. Und so, wie sich auch andere körperliche Bedürfnisse

67

nicht fortwährend unterdrücken lassen, ohne dass es zu bleibenden Schäden kommt, so führt auch das ständige Nicht-weinen-Dürfen über kurz oder lang zu mehr oder minder schweren seelischen Störungen. Bei Jungen, denen nie erlaubt wird, ihren Gefühlen freien Lauf zu lassen und sich, wenn ihnen danach zumute ist, hemmungslos auszuheulen, entlädt sich der innere Druck – das haben Psychologen einwandfrei nachgewiesen – nicht selten in massiven Aggressionen; sie werden trotzig, beginnen früh zu rauchen und greifen weitaus häufiger zu Alkohol und anderen Drogen als ihre weniger unterdrückten Geschlechtsgenossen.

Jungen, die das erste Lebensjahrzehnt hinter sich haben, weinen aufgrund hormoneller Gegebenheiten von Natur aus wesentlich seltener als Mädchen. Wenn sie jedoch das Bedürfnis dazu haben, ist die strenge Ermahnung »Jungen weinen nicht!« so ungefähr das Dümmste und am wenigsten Hilfreiche, was man zu ihnen sagen kann.

Kälte

Unterkühlte Gliedmaßen
soll man mit Schnee einreiben!

Man liest und hört es immer wieder: Lawinenopfer oder verunglückte Skifahrer, deren Gliedmaßen extrem unterkühlt sind, soll man als Erste-Hilfe-Maßnahme kräftig mit Schnee abreiben. Aus medizinischer Sicht ist das jedoch fataler Unsinn!

Denn schließlich kommt es darauf an, den Arm oder das Bein wieder aufzuwärmen; und dabei hilft eiskalter Schnee recht wenig. Richtig ist dagegen, die unterkühlten Gliedmaßen in warmes Wasser zu tauchen oder, wenn das nicht zur Verfügung steht, mit trockenen, rauen Tüchern abzurubbeln.

Wenn du frierst, trinke einen Schnaps, der wärmt auf!

Das altbekannte Hausmittel, sich, wenn man vor Kälte zittert, ein »Schnäpschen« zu genehmigen, weil das so schön von innen heraus wärmt, ist keinesfalls empfehlenswert. Zwar erzeugt der Alkohol aus Korn, Whisky oder Cognac anfänglich tatsächlich ein angenehmes Wärmegefühl, weil er die Blutgefäße – auch die der äußeren Haut – erweitert, sodass mehr warmes Blut hindurchfließen kann. Danach aber dreht sich der Effekt in sein Gegenteil um: Über die besser durchblutete Haut wird bei kalter Außentemperatur erheblich mehr Wärme abgegeben, als das bei verengten Gefäßen der Fall wäre. Die Folge ist, dass der Körper immer stärker friert, ohne dass das dem Betroffenen bewusst wird.

Schon so mancher Betrunkene, der im Winter seinen Rausch im Freien ausschlafen wollte, ist aus diesem Grund nicht mehr aufgewacht.

Karotten

Iss reichlich Karotten, die sind gut für die Augen!

Mit dieser Behauptung versuchen nicht wenige Mütter, ihren Sprösslingen die ungeliebten Rüben schmackhaft zu machen. Denn gut sehen will schließlich jeder, da machen die Kinder keine Ausnahme. Und so würgen sie die Karotten dann eben gottergeben hinunter. Das aber bräuchten sie nicht zu tun – jedenfalls nicht wegen ihrer Sehleistung! Denn die meisten Menschen, die mit ihren Augen Probleme haben, leiden unter Kurz- und Weitsichtigkeit beziehungsweise unter einer mehr oder minder ausgeprägten Verkrümmung der Hornhaut. Und bei all den Augenveränderungen, die diesen Sehfehlern zu Grunde liegen, bewirken Karotten absolut gar nichts. Wer beim Lesen eine Brille braucht, kann auf diese auch dann nicht verzichten, wenn er die orangefarbenen Rüben Tag für Tag kiloweise verschlingt. Die einzige Augenstörung, auf die Karotten einen positiven Einfluss haben, ist die Dämmerungs- beziehungsweise Nachtsehschwäche. Das liegt daran, dass die Rüben mit den so genannten Karotinoiden Vorstufen des Retinols enthalten, das unter der Bezeichnung »Vitamin A« bekannt ist. Dieses wird zum Aufbau des Sehpurpurs benötigt, der wiederum für den Durchblick bei Dunkelheit unentbehrlich ist. Doch auch demjenigen, der nachts Probleme hat, etwas zu erkennen, nützen Karotten nicht allzu viel. In der Regel nehmen wir nämlich mit der täglichen Nahrung so viel Vitamin A in fertigem Zustand auf, dass wir auf die zusätzliche Dosis aus den Gemüse-Karotinoiden überhaupt nicht angewiesen sind.

Kartoffeln

Kartoffeln schneidet man nicht mit dem Messer!

Das wurde Generationen von Kindern von ihren Eltern eingetrichtert, und oft gaben die es dann an ihren eigenen Nachwuchs weiter, ohne sich groß um den Sinn dieses Verbotes Gedanken zu machen. Tatsächlich rümpfen auch heute noch viele Zeitgenossen die Nase, sehen sie einen Tischnachbarn ungeniert die Kartoffeln mit dem Messer zerteilen. Dabei ist die alte Benimmregel vollkommen überholt!

Sie stammt aus einer Zeit, in der die säurehaltigen Bestandteile der Kartoffel dazu führten, dass die seinerzeit verwendeten Stahlmesser anliefen, woraufhin die Gefahr bestand, dass sie an die gesamte Mahlzeit einen metallischen Geschmack abgaben. Da wir heutzutage jedoch schon lange nicht mehr mit rein stählernen Messern essen und da die Kartoffeln unseren modernen Schneidegeräten also nicht das Geringste anhaben können, spricht absolut nichts dagegen, sie auf die einfachste Art, eben mit dem Messer, in Stücke zu zerteilen. Das wird mittlerweile auch von zahlreichen Benimm-Experten so gesehen.

Zwei Gründe gibt es dennoch, die es unter Umständen geraten scheinen lassen, die gekochten Kartoffeln doch besser mit der Gabel zu zerdrücken: Erstens gilt das nach wie vor als »feiner« als das wesentlich praktischere Zerschneiden, und zweitens entstehen dabei keine glatten Schnittflächen, an denen die Soße abperlt. Wer also Wert darauf legt, mit seinen Kartoffeln die in der Regel höchst schmackhafte – allerdings oft auch sehr kalorienhaltige – Sauce vom Teller aufzunehmen, sollte vielleicht doch besser auf das Zerschneiden verzichten.

Kater

Das Beste gegen einen Kater
ist vorher eine fettreiche Mahlzeit!

Die Empfehlung, vor einer feucht-fröhlichen Festivität mit Hilfe einer deftigen, das heißt fettreichen Mahlzeit eine »gute Grundlage« zu schaffen, hört man oft, und viele Zecher schwören auf diese Methode. Doch der Trick funktioniert nur scheinbar!

Denn ein voller Magen bewirkt lediglich, dass der Alkohol langsamer ins Blut übergeht und seine Wirkung daher nicht so schnell entfaltet, was natürlich zur Folge hat, dass der Trinker länger Herr seiner Sinne bleibt. Es ist jedoch ein fataler Irrtum anzunehmen, das Fett würde die Menge des im Körper kreisenden Alkohols insgesamt vermindern; die Aufnahme geht nur langsamer vonstatten, bleibt im

71

Ganzen gesehen jedoch vollkommen gleich. Schlägt man sich also vor einer Party mit einem fetten Essen den Magen voll, so spürt man die Wirkung des Alkohols deutlich langsamer als sonst; den Kater am nächsten Morgen kann man dadurch jedoch keinesfalls verhindern.

Einen Kater wirst du am schnellsten los, wenn du am nächsten Morgen mit demselben Getränk weitermachst!

Wer kennt das nicht: Nach einer feucht-fröhlich durchfeierten Nacht wacht man am nächsten Morgen mit einem Kater auf. Das kleinste Geräusch lässt einen schmerzhaft zusammenzucken, jeder Lichtstrahl löst Qualen aus, die Kehle scheint wie ausgedörrt, und allein beim Gedanken an Essen wird einem übel. Was also tun? Dem altbekannten Rat folgen und trotz würgenden Ekelgefühls mit dem Getränk weitermachen, mit dem man am Vorabend aufgehört hat? Bloß das nicht!

Die trockene Kehle, der heftige Nachdurst und die Lust auf Herzhaftes geben doch einen überaus deutlichen Hinweis auf die Ursache des Katers: den alkoholbedingten enormen Flüssigkeits- und Mineralstoffverlust. Diesen mit immer noch mehr Alkohol bekämpfen zu wollen, ist absoluter Unsinn! Alkohol hemmt nämlich ein Hormon, das für die Rückgewinnung von Wasser in der Niere verantwortlich ist. Die Folge ist eine gesteigerte Ausschwemmung von Wasser und Mineralstoffen aus dem Körper. Außerdem entsteht beim Alkoholabbau eine chemische Substanz namens Azetaldehyd, die in Verbindung mit dem Flüssigkeits- und Mineralstoffdefizit Schwindel, Kopfschmerz, Übelkeit, Erbrechen und Herz-Kreislauf-Beschwerden auslöst. All diese üblen Erscheinungen werden durch neuerliche Alkoholzufuhr keinesfalls gelindert oder verkürzt, sondern im Gegenteil noch verstärkt.

Wenn neben Schmerztabletten überhaupt etwas hilft, dann ein deftiges Frühstück mit Rollmops, sauren Gurken und einer kräftigen Bouillon, die dem Körper wieder Mineralstoffe, insbesondere Salz, zurückgeben. Wichtig ist überdies, große Mengen Mineralwasser – zur Not tut es auch Leitungswasser – zu trinken, damit der Flüssigkeitsverlust schnellstmöglich wieder ausgeglichen wird.

Kaugummi

Schlucke keinen Kaugummi, der verklebt den Magen!

Tausende dunkler Flecken auf den Gehsteigen der Städte, deren Beseitigung die Gemeindeverwaltungen beträchtliche Summen kostet, stammen von Kaugummis, die nach oft stundenlangem Durchbeißen einfach ausgespuckt wurden. Und zwar deshalb, weil die meisten Menschen der nahezu unausrottbaren Überzeugung sind, einen Kaugummi dürfe man keinesfalls schlucken, sonst bestünde die Gefahr, dass der Magen verklebt. Doch diese Befürchtung ist ganz und gar absurd!
Gründlich durchgekauter Kaugummi enthält keine verwertbaren Bestandteile mehr, die ihm bei der Aufspaltung im Darm entzogen würden, und die Grundmasse ist schlicht unverdaulich. Schluckt man ihn hinunter, ist es demnach genauso, als würde man ein Stück weichen, ungiftigen Kunststoffs hinunterwürgen. Der rutscht ebenso wie der Kaugummi durch Magen und Darm hindurch und wird, da die Gefahr des Festhakens nicht besteht, irgendwann – in der Regel nach einigen Tagen – auf natürlichem Wege wieder ausgeschieden.
Allenfalls wenn man enorme Kaugummimengen kurz hintereinander schluckt, könnte es theoretisch passieren, dass sie zu einem dicken Klumpen verkleben, der den Darm

wie ein Gummipfropfen verstopft. Das kommt aber normalerweise nicht vor, weil man den Kaugummi ja – wie der Name schon sagt – vor dem Verschlucken erst ordentlich durchkaut. Genehmigt man sich anschließend einen neuen und spuckt diesen dann auch wieder nicht aus, ist der erste für den Nachfolger schon außer Reichweite.

Ketchup

Wenn aus einer Ketchupflasche nichts herauskommt, schlage kräftig auf den Flaschenboden!

Ketchup ist schmackhaft und gehört für viele Menschen unabdingbar zu einer guten Fleisch- oder Fischmahlzeit. Das Problem ist nur, dass er in der Flasche eindickt und dann nur noch schwer herauszubekommen ist. Deshalb sieht man in Restaurants allenthalben Leute heftig auf den Boden einer Ketchupflasche schlagen, um die zähe Masse zum Herausfließen zu bringen. Dabei bewirkt das Draufschlagen genau das Gegenteil!

Es drückt nämlich den Ketchup nur noch tiefer in die Flasche hinein. Schuld daran ist das Newton'sche Trägheitsgesetz, das auch bei einem Auffahrunfall wirksam wird. Dabei wird der Mensch im vorderen Fahrzeug ja auch nicht nach vorne, sondern nach hinten gegen die Kopfstütze geschleudert, weil sich das Auto gleichsam ruckartig unter ihm nach vorne bewegt. Dasselbe passiert mit dem Ketchup. Es driftet bei jedem Schlag auf den Flaschenboden weiter nach hinten beziehungsweise unten.

Wie aber bekommt man ihn denn dann heraus? Nun, zum einen kann man das Zentrifugalgesetz ausnützen und die Flasche so wie ein Winzer, der die ersten Tropfen Wein verwirft, mit der Öffnung kreisförmig abwärts schlagen. Das Problem bei dieser Methode liegt lediglich im Treffen. Groß ist die Gefahr, dass der Ketchup zwar aus der Flasche spritzt, aber neben dem Teller oder schlimmstenfalls auf dem Schoß des Tischnachbarn landet.

Besser ist deshalb, doch wieder auf das Trägheitsgesetz zurückzugreifen, aber eben in der richtigen Art und Weise: Man hält die Flasche mit nach unten weisender Öffnung ein wenig in die Höhe und stößt sie kraftvoll abwärts. Kurz vor dem Teller stoppt man die Bewegung abrupt. Aufgrund seiner Trägheit kann der Ketchup der plötzlichen Verzögerung nicht folgen und bewegt sich weiter nach vorne auf die Öffnung und den Teller zu. Spätestens beim zweiten Versuch sollte es mit dieser Methode klappen!

Kompost

Zitronen- und Orangenschalen gehören nicht auf den Kompost!

Selbst in renommierten Gartenbüchern kann man lesen, die Schalen von Zitrusfrüchten dürften nicht auf den Komposthaufen geworfen werden, weil sie einerseits nicht verrotteten und andererseits zu sehr mit Schädlingsbekämpfungs- und Konservierungsmitteln verunreinigt seien. Doch diese Warnung entbehrt jeder Grundlage!

Zwar dauert es recht lange, bis Orangen-, Zitronen- und auch Bananenschalen von Kleinstlebewesen in hochwertigen Kompost umgewandelt werden; da sie aber aus denselben Grundbausteinen bestehen wie unsere heimischen Obst- und Gemüsearten, erleiden sie auch dasselbe Schicksal. Und was die Behandlungsmittel auf der Schale angeht, so tragen sie ebenso wie die darin enthaltenen ätherischen Öle zwar zum verlangsamten Abbau bei, stoppen ihn jedoch keinesfalls. Im fertigen Kompost sind sie – das haben Untersuchungen ergeben – ohnehin nicht mehr nachweisbar. Deshalb spricht absolut nichts dagegen, die Schalen tropischer Zitrusfrüchte auf den Komposthaufen zu geben. Will man den Verrottungsprozess beschleunigen, so sollte man sie vorher allenfalls gründlich zerkleinern, da sie so den Mikroorganismen eine weitaus größere Angriffsfläche bieten.

Lebensmittel

Iss nie Lebensmittel, deren Mindesthaltbarkeitsdatum abgelaufen ist!

Das Lebensmittelgesetz schreibt vor, dass auf der Verpackung von Nahrungsmitteln ein Mindesthaltbarkeitsdatum aufgedruckt sein muss. Entgegen weit verbreiteter Meinung bedeutet das jedoch nicht, dass der Inhalt nach diesem Datum nicht mehr verzehrt werden dürfte.

Man darf nämlich das Mindesthaltbarkeits- keinesfalls mit dem Verfallsdatum verwechseln! Dieses gilt für empfindliche, schnell verderbliche Lebensmittel und sollte unbedingt ernst genommen werden. Dagegen besagt das Mindesthaltbarkeitsdatum lediglich, dass der Hersteller bis zu diesem Zeitpunkt die typischen Eigenschaften wie Geschmack, Aussehen, Konsistenz und Nährwert seines Produktes garantiert. Nach Ablauf des Mindesthaltbarkeitsdatums kann man es jedoch noch ohne weiteres verzehren, ja, es darf sogar noch im Handel verkauft werden, wobei nun allerdings nicht mehr der Hersteller, sondern der Händler für den einwandfreien Zustand haftet. Daher werden Lebensmittel, deren Mindesthaltbarkeitsdatum abgelaufen ist, vom Verkäufer normalerweise regelmäßig stichprobenartig kontrolliert.

Man sollte sich also genau davon überzeugen, ob das auf der Verpackung angegebene Datum tatsächlich den Verfall und damit die Ungenießbarkeit oder lediglich die weitaus weniger bedeutsame Mindesthaltbarkeit der enthaltenen Lebensmittel angibt.

Bewahre Lebensmittelreste auf keinen Fall in einer Konservendose auf!

Vermutlich waren es Tupperware-Verkäufer, die den Mythos von der Gefährlichkeit, Lebensmittel in angebrochenen Konservendosen aufzubewahren, in die Welt gesetzt haben. Denn um mehr als einen Mythos handelt es sich nicht!

Bis in die Siebzigerjahre hinein wurden Konservendosen verwendet, in deren Inneren lediglich ein dünner Überzug aus Zinn dafür sorgte, dass der Inhalt nicht unmittelbar mit dem Weißblech in Berührung kam, doch diese Büchsen sind längst durch kunststoffbeschichtete Behältnisse abgelöst worden. Dabei war auch bei den zinnbewehrten Dosen keine Gesundheitsgefahr zu erwarten, da die beim Kontakt saurer Nahrungsbestandteile mit dem Blech ablaufenden chemischen Reaktionen keinerlei gesundheitsschädliche Produkte hervorbringen.

Aber, wie gesagt, derartige Reaktionen sind bei den heute gebräuchlichen Dosen ohnehin ausgeschlossen. Fakt ist deshalb, dass Nahrungsmitteln in angebrochenen Konservendosen – abhängig von der Umgebungstemperatur – genauso schnell oder langsam verderben wie in jedem anderen Behälter auch.

Lernen

Was Hänschen nicht lernt, lernt Hans nimmermehr!

Zweifellos gibt es Dinge, die man nur in früher Jugend perfekt lernen kann; die Muttersprache ist dafür das beste Beispiel. Kein Erwachsener ist in der Lage, sich eine Sprache so vollkommen anzueignen wie ein Kind. Selbst wenn dieses gleichzeitig in zwei verschiedenen Sprachen aufgezogen wird – vielleicht weil der Vater eine andere Nationalität besitzt als die Mutter –, hat es keinerlei Probleme, sich in beiden Sprachen perfekt auszudrücken. Diese Fähigkeit geht mit der Zeit verloren, sodass ein Erwachsener eine fremde Sprache zwar durchaus noch erlernen kann, aber nie mehr in der Lage sein wird, sie vollkommen akzentfrei zu sprechen. Daraus nun aber den allgemeinen Schluss zu ziehen, im Alter könne man sich grundsätzlich nichts Neues mehr aneignen, ist vollkommen falsch!

Sicher, den Höhepunkt unserer Merkfähigkeit erleben wir mit etwa 20 Jahren, danach fällt es uns kontinuierlich schwerer, uns etwas Unbekanntes einzuprägen. Tatsache ist jedoch, dass sich die Leistungsfähigkeit unseres Gehirns wie viele andere körperliche Vorgänge auch bis ins hohe Alter aufrechterhalten, ja, zum Teil sogar verbessern lässt. Dies wird unter anderem an der oft geradezu verblüffenden geistigen Fitness betagter Politiker deutlich, die Tag für Tag von einem Termin zum anderen hetzen, hier und dort Reden halten und sich nebenbei eine Unmenge an Fakten einprägen müssen.

Der unmittelbare Zusammenhang zwischen der Leistungsfähigkeit des Gehirns und der Anzahl der darin enthaltenen Verknüpfungen und Querverschaltungen von Nervenzellen ist seit längerem bekannt. Geistiges Training festigt diese Verbindungen und lässt millionenfach weitere entstehen. Glaubte man früher, dass sich nach der Geburt keine neuen Gehirnzellen mehr entwickeln können, sieht man das heute anders und geht sogar davon aus, dass ständige geistige Anforderungen die Neubildung entscheidend fördern.

Aber auch ohne die Bildung frischer Nervenzellen kann der geistige Verfall ausgeglichen werden. Verluste im Gedächtnis – also in den Gehirnstrukturen, in denen Inhalte gespeichert sind – kann auch das ausgewachsene Gehirn durchaus mit alternativen Nervenverbindungen ausgleichen. Zudem hat man bei geistig regen betagten Menschen im Vergleich zu ihren trägeren Altersgenossen eine erheblich höhere Konzentration derjenigen Botenstoffe (Neurotransmitter) gefunden, die die Übertragung von Impulsen von einer Nervenzelle auf die andere bewerkstelligen.

Eines steht fest: Jeder von uns – egal, ob jung oder alt – nützt die geistige Kapazität seines Gehirns nur zum Teil aus. Es ist daher abwegig, sich vorzustellen, das Gedächtnis bestehe gleichsam aus Schubladen, die irgendwann gefüllt wären und dann keinen neuen Inhalt mehr aufnehmen könnten. Vielmehr ist das Gegenteil richtig: Je mehr wir uns geistig anstrengen, desto leistungsfähiger bleibt unser Gehirn, desto intensiver fördern wir darin die Neubildung von Schaltkreisen; oder, um bei dem Beispiel der Schubladen zu bleiben, desto mehr leere legt es an, die nur darauf warten, gefüllt zu werden.

Jeder ältere Mensch, der sich schon einmal bemüht hat, sich in eine vollkommen neue Materie einzuarbeiten, kann das bestätigen: Zu Beginn fällt das Lernen furchtbar schwer, man kann und kann sich nichts merken und ist geneigt, das Vorhaben rasch wieder aufzugeben. Wenn man aber erst einmal über diese Anfangsschwierigkeiten hinweg ist, wenn das Gehirn Verknüpfungen zwischen Neuronen angelegt hat und eifrig weiter anlegt, die vorher noch nicht vorhanden waren, wird die Sache zunehmend einfacher. Braucht ein Senior vielleicht zum Erlernen der ersten zehn Vokabeln einer Fremdsprache eine ganze Woche, so wird er – sofern er durchhält – erstaunt feststellen, dass sich seine sprachlichen Fähigkeiten mit zunehmender Übung immer mehr steigern, und schon bald wird es ihm keinerlei Schwierigkeiten mehr bereiten, sich nicht nur Wörter und Redewendungen, sondern sogar komplexe grammatikalische Strukturen und Regeln einzuprägen und sie dauerhaft zu behalten.

Lehrjahre sind keine Herrenjahre!

Das ist eine der bekanntesten und am häufigsten zitierten Regeln im Hinblick auf eine möglichst erfolgreiche Berufsausbildung, die sich noch heute so mancher Lehrling immer und immer wieder von seinem Vorgesetzten anhören muss. Sie stammt aus einer Zeit, als das Verhältnis eines Chefs zu seiner oder seinem Auszubildenden noch dem Meister-Knecht-Klischee entsprach: Der Meister befahl, der Knecht hatte widerspruchslos zu gehorchen! Und das auch dann, wenn ihm der Vorgesetzte völlig berufsfremde Aufgaben zuwies und ihm für den Fall der Widersetzlichkeit harte – manchmal sogar körperliche – Strafen androhte. Noch zu Beginn des 20. Jahrhunderts bestand vielfach eine gesetzliche Pflicht des Lehrlings, sich der autoritären Herrschaft des Arbeitgebers oder einer von ihm benannten Person bedingungslos zu unterwerfen. Die – aus heutiger Sicht als Hungerlohn zu bezeichnende – Ausbildungsvergütung wurde dem Arbeitnehmer oftmals nicht persönlich ausbezahlt, sondern ging nach Abzug von Kosten für Quartier, Essen und Kleidung an dessen Eltern, die die schikanösen Praktiken – eben mit dem unseligen Spruch »Lehrjahre sind keine Herrenjahre!« – nicht selten sogar noch unterstützten.

Doch auch heute noch denken und handeln nicht wenige Ausbilder nach dieser Maxime. Fragt man betroffene Jugendliche, was ihnen an ihrer Lehrstelle gefällt und was nicht, so beklagen sich die wenigsten über zu viel Arbeit; ja, selbst die in der Regel nicht gerade üppige Vergütung wird meist klaglos hingenommen. Was vielen Auszubildenden jedoch erheblich zu schaffen macht, ist das herrische, überhebliche Benehmen ihrer Vorgesetzten. Dabei sollte dieses in der heutigen Zeit längst einem demokratisch orientierten, freundschaftlichen, ja, durchaus kollegialen Verhalten Platz gemacht haben. Die moderne Psychologie weist klar nach, dass Druck nicht nur Gegendruck erzeugt, sondern dass Arbeitnehmer – und das gilt durchaus nicht nur für Lehrlinge (!) – keinesfalls durch unablässigen Tadel und ständige Schikanen, sondern vielmehr durch freundliches Zuhören, durch Eingehen auf ihre Probleme und vor allem durch reichliches Lob zu freudiger Einsatzbereitschaft und beruflichen Höchstleistungen angespornt werden können. Wer derart ausgebildet worden ist, wird mit hoher Wahrscheinlichkeit dann, wenn er selbst einmal Chef ist, den ihm anvertrauten Lehrlingen gegenüber auf den veralteten Spruch »Lehrjahre sind keine Herrenjahre!« verzichten.

Nicht für die Schule,
sondern für das Leben lernen wir!

Jeder Schüler kennt diesen Satz, mit dem Lehrer gern auf die Frage »Wozu brauche ich das?« antworten. Dabei ist es eine feststehende Tatsache, dass wir während unserer Schulzeit eine Menge lernen müssen, was wir anschließend getrost vergessen können, weil wir es nie wieder benötigen. Da ist es doch tröstlich zu wissen, dass der bekannte Spruch schlichtweg falsch zitiert wird.

Er stammt aus den »Moralischen Briefen an Lucilius« des römischen Philosophen Seneca und lautet nicht, wie vielfach behauptet, »Non scholae, sed vitae discimus«, sondern genau umgekehrt: »Non vitae, sed scholae discimus«, was man frei mit »Wir lernen nicht für das Leben, sondern nur für die Schule« übersetzen kann. Seneca tadelte damit den damaligen Studienbetrieb, dessen Lehrinhalte sich seiner Meinung nach zu wenig an tatsächlich Wichtigem orientierten. Anstatt tüchtige Menschen aus den Schülern zu machen, erzeuge man lebensuntüchtige Stubengelehrte!

Niemand weiß, wer das Zitat einfach umgedreht und damit seinen Sinn ins Gegenteil verkehrt hat, aber aus nahe liegenden Gründen drängt sich der massive Verdacht auf, dass es ein Lehrer war.

Matratze

Schlafe bei Rückenschmerzen
auf einer möglichst harten Matratze!

Vor einigen Jahren konnte man es überall hören und lesen: Bei Rückenproblemen gibt es nichts Besseres als eine harte Matratze! Und auch Orthopäden empfahlen ihren Patienten eine möglichst unnachgiebige Schlafunterlage. Doch diese Auffassung ist heute weitgehend überholt.

In einer spanischen Untersuchung, deren Ergebnisse im renommierten Fachblatt *Lancet* veröffentlicht wurden, ließen die Wissenschaftler 313 Patienten mit chronischen Schmerzen im unteren Rückenbereich zur Hälfte auf harten und zur anderen Hälfte auf mittelharten Matratzen schlafen, ohne die Probanden über die jeweilige Matratzenqualität zu informieren. Nach einiger Zeit berichteten die Teilnehmer, denen man mittelharte Schlafunterlagen gegeben hatte, doppelt so häufig über eine Linderung ihrer Beschwerden beim Liegen oder morgendlichen Aufstehen wie die der anderen Gruppe, und viele von ihnen benötigten schon bald weit weniger schmerzlindernde Medikamente.

Nach Ansicht der Forscher wird beim Liegen zwangsläufig Druck auf die Haut ausgeübt, der jedoch eine bestimmte Obergrenze nicht überschreiten darf. Und eben das passiere bei der Verwendung zu harter Matratzen. Wenn diese in der Vergangenheit oft empfohlen worden seien, so möglicherweise infolge einer unangebrachten Übertragung der Liegebedingungen, die im Krankenhaus bei der Behandlung von Patienten mit Bandscheibenleiden angewandt würden. Dabei lägen die Kranken jedoch ganz anders als im heimischen Bett.

Wichtig ist demnach vor allem, dass eine Matratze die Wirbelsäule gut abstützt und dabei einen möglichst geringen Hautdruck ausübt. Als ideale Schlafunterlage, die diese

Kriterien am besten erfüllt, empfehlen die Wissenschaftler ein Wasserbett.

Menstruation

Die Monatsblutung ist unvermeidbar, damit musst du dich als Frau abfinden!

Nicht wenige Männer geben offen zu, dass sie allein deswegen nicht gerne eine Frau wären, weil ihnen die monatliche Regelblutung lästig wäre. Und auch ein Großteil der Frauen empfindet die regelmäßige Menstruation als unangenehm, zumal sie nicht selten mit körperlichen und seelischen Beeinträchtigungen verbunden ist. Doch seit der Pubertät hat man ihnen beigebracht, das gehöre nun einmal zum Frau-Sein, damit müsse man sich abfinden, da man »ohnehin nichts dagegen tun könne«. Doch das ist schlicht unwahr.

Jedenfalls für Frauen, die hormonelle Empfängnisverhütungsmittel verwenden, also die Pille. Denn von den 28 Tabletten einer Packung enthalten nur die ersten 21 entsprechende Wirkstoffe – anstelle der letzten 7 könnte die Frau genauso gut Würfelzucker oder gar nichts einnehmen. Die Unterbrechung der Hormonzufuhr sorgt für eine Art »Pseudomenstruation«, die schlicht den Sinn hat, der Frau das Gefühl zu geben, mit ihrem Körper sei trotz Pille alles in bester Ordnung, obwohl die auf diese Weise ausgelöste Blutung mit der »natürlichen« überhaupt nichts gemein hat und keinesfalls durch die Abstoßung der nicht für eine Schwangerschaft benötigten Gebärmutterschleimhaut ausgelöst wird. Entfernt die Frau die hormonlosen letzten 7 Tabletten beziehungsweise geht nach der 21. gleich zu einer neuen Packung über, so bekommt sie keine Blutung. Und das ist keinesfalls schädlich, sondern nach Meinung des brasilianischen Reproduktionsbiologen Elsimar Cou-

83

tinho, der ein Buch mit dem Titel »Ist die Menstruation überflüssig?« geschrieben hat, für die betroffene Frau sogar ausgesprochen vorteilhaft. Immerhin ist sie auf diese Weise nicht nur in ihrer persönlichen Freiheit weit weniger eingeschränkt, sondern sie muss sich auch nicht Monat für Monat mit den individuell verschiedenen, aber doch vielfach höchst lästigen Menstruationsbeschwerden herumschlagen. Hinzu kommt eine nicht unerhebliche Geldersparnis, weil sie keine Binden oder Tampons mehr benötigt.

In der amerikanischen Zeitschrift *Lancet* berichteten vor einiger Zeit zwei Autorinnen, der wirtschaftlichen Schaden, der durch die weibliche Periodenblutung und den damit verbundenen Arbeitsausfall angerichtet werde, liege bei sage und schreibe 8 Prozent der Gesamtlohnsumme; hinzu kommt laut einer Untersuchung der Firma Texas Instruments eine menstruationsbedingte Produktivitätseinbuße von etwa 25 Prozent.

In einer amerikanischen Fachzeitschrift für Frauenheilkunde und Geburtshilfe berichteten Forscher der Universität Seattle über eine Studie, bei der Frauen mit typischem 28-Tage-Zyklus ein Jahr lang mit Geschlechtsgenossinnen verglichen wurden, die die Pille zwei Perioden nacheinander – ohne die wirkungslosen letzten 7 der ersten Packung – einnahmen und damit auf einen 49-Tage-Zyklus kamen. Diese Versuchsteilnehmerinnen sparten nicht nur die Hälfte der Hygienekosten, sondern fühlten sich auch erheblich wohler. Negative Auswirkungen auf die Gesundheit traten jedenfalls nicht auf. Deshalb gab die Hälfte der betroffenen Frauen an, auch nach Versuchsende bei dieser vorteilhaften Art der Pilleneinnahme zu bleiben, und fast jede fünfte Frau der Kontrollgruppe wollte die Methode ebenfalls ausprobieren.

Zahlreiche Sportlerinnen, die am Wettkampftag fit sein müssen, sowie Frischvermählte, die sich nicht gerade während der Flitterwochen mit der weiblichen Periode herumschlagen wollen, haben das Verfahren schon erprobt, ohne dass nachteilige Folgen aufgetreten wären. Deshalb zeigen sich die Autorinnen in der eingangs erwähnten Lancet-Studie geradezu empört. Keiner anderen Erkrankung oder Unpässlichkeit, die so viele Leute mit solcher Regelmäßigkeit befalle, stünden die Ärzte mit derartiger Gleichgültigkeit gegenüber, obwohl das Problem mühelos aus der Welt zu schaffen sei, beschweren sie sich.

Verblüffend ist jedoch, dass etliche Frauen auf ihre Periode entschieden Wert legen, obwohl sie ihnen andererseits durchaus lästig ist. Sie scheinen der Meinung zu sein, die Blutung sei für sie wichtig oder sie seien ohne Menstruation keine richtigen Frauen mehr. Tatsächlich ist es aber so, dass es keinerlei Anhaltspunkte für irgendwelche vorteilhaften Auswirkungen der vielen Regelblutungen – im Leben einer modernen westlichen Frau etwa 450 – gibt. Nicht einmal die häufig gehörte Überzeugung, das regelmäßige Abstoßen der Schleimhaut schütze die Gebärmutter vor Krebs, trifft zu, da diejenige Schicht, aus der sich bösartige Tumoren entwickeln, von der Menstruation gar nicht betroffen ist.

Die amerikanischen Autorinnen verlangen deshalb, jede Frau müsse selbst entscheiden dürfen, ob sie ihre Regelblutung haben will oder nicht oder ob sie vielleicht einige Perioden zusammenfassen und ihre Menstruation nur alle zwei bis drei Monate bekommen möchte.

Treibe während deiner Tage keinen Sport, bade nicht und wasch dir nicht die Haare!

Zweifellos haben die heutigen Frauen und Mädchen zu ihrer Menstruation ein natürlicheres und selbstverständlicheres Verhältnis als ihre Mütter und Großmütter, die zum Teil Auffassungen vertraten, über die wir heute nur noch lachen können. Trotzdem hat sich das eine oder andere

Vorurteil – beispielsweise, dass Haarewaschen während der Periode schädlich sei oder dass die betroffene Frau in dieser Zeit auf sportliche Betätigung verzichten müsse – bis in unsere Tage gehalten.

Zurückzuführen ist dieser Aberglaube vor allem auf die Tatsache, dass unsere Großmütter noch nicht über bequeme Hilfsmittel wie Wegwerfbinden und Tampons verfügten, sondern sich stattdessen mit Stoffläppchen behelfen mussten, die immer wieder ausgewaschen und zudem oft noch von Mutter und Töchtern gemeinsam benutzt wurden. Deshalb blieb ihnen gar keine andere Wahl, als während ihrer Periode auf Sport (der ohnehin seinerzeit kaum je Frauensache war) zu verzichten und die Scheide täglich brav mit Wasser auszuspülen. Viele Frauen waren vor ihrer ersten Regel nicht aufgeklärt und erschraken dementsprechend, wenn sie in ihrer Hose Blut bemerkten. Und weil sie das Ganze für krankhaft hielten, befolgten sie willig alle möglichen unsinnigen Vorschriften: Sie badeten nicht, schreckten vor dem Haarewaschen zurück und vermieden es ängstlich, ihre Hände in kaltes Wasser zu tauchen, da das angeblich ein vorzeitiges, höchst schmerzhaftes Ende der Blutung nach sich ziehen sollte. Allenthalben herrschte die Meinung, eine Frau müsse sich während ihrer Menstruation nach Möglichkeit schonen und auf sämtliche beschwerlichen Tätigkeiten verzichten – sogar auf das Lesen eines Romans, weil das eine zu große geistige Anstrengung erfordere.

Dass derart überkommene und natürlich völlig abwegige Vorstellungen zum Teil noch immer von Müttern an ihre Töchter weitergegeben werden, beweisen die Anfragen verunsicherter Mädchen, die sich bei entsprechenden Ratgebern in Illustrierten und im Internet erkundigen, ob sie während ihrer Periode schwimmen, Sport treiben, sich die Haare waschen oder – man höre und staune – einen Jungen küssen dürfen.

Milch

Trinke keine Milch,
die verschleimt die Atemwege!

Vor allem die Anhänger der »Fit-for-Fun«-Bewegung werden nicht müde zu propagieren, Milch führe schon bei Gesunden, weit mehr aber noch bei Menschen, die an einer Infektion der Luftwege leiden, zu starker Schleimbildung, die das Atmen erschwere. Für diese Behauptung fehlt jedoch jeglicher Beweis, oder, wie Antje Zellmer, Pressesprecherin der Deutschen Gesellschaft für Ernährung, zusammenfasst: »In keiner Studie führte Milch zu messbar vermehrten Schleimabsonderungen im Bereich von Rachen und Atemwegen.«

Erst kürzlich ließen australische Wissenschaftler in einer kontrollierten Untersuchung Versuchspersonen zum Teil Milch und zum Teil ein geschmacksgleiches Sojagetränk trinken. In beiden Gruppen fanden sich anschließend etwa gleich viele Probanden, die von einer »Filmbildung im Rachen« oder von »zähem, schwer zu schluckendem Speichel« berichteten, doch Messungen ergaben weder bei den Milch- noch bei den Sojatrinkern eine signifikante Schleimzunahme. Die Forscher vermuten, dass die Empfindungen der Testteilnehmer im Fall der Milch wohl durch deren Fettgehalt beziehungsweise durch den typischen fettigen Geschmack ausgelöst werden. Hierfür spricht auch die Tatsache, dass Probanden, die fettreduzierte Milch tranken, keinerlei derartige Empfindungen verspürten. Wem also der Sinn nach einem Glas kühler oder kuhwarmer Milch steht, der sollte dem Verlangen getrost nachgeben – egal, ob er gesund oder erkältet ist.

Mundgeruch

Wenn du wissen willst, ob du Mundgeruch hast, atme in die hohle Hand!

Viele Menschen, die unsicher sind, ob ihr Atem möglicherweise unangenehm riecht und dadurch etwaige Gesprächs- oder gar Liebespartner abstößt, versuchen, sich über diese Frage klar zu werden, indem sie in die hohle Hand hauchen und anschließend an der darin befindlichen Luft schnuppern. Doch diese Methode funktioniert nicht!

Und zwar deshalb nicht, weil sich unsere Sinne relativ rasch an einen dauerhaft einwirkenden Reiz gewöhnen und dann nur noch deutliche Veränderungen registrieren. Jeder, der schon einmal das Raubtierhaus eines Zoos besucht hat, kann das bestätigen: Beim Eintreten bleibt einem förmlich die Luft weg, so heftig schlägt einem der Gestank entgegen; wenn man es aber einige Zeit im Inneren ausgehalten hat, versteht man gar nicht mehr, warum die Neueintretenden sich mit angewidertem Blick die Nase zuhalten.

Da wir bei jedem Atemzug einen Teil der durch den Mund ausgeatmeten Luft mit der Nase wieder aufnehmen, können wir deren Geruch aufgrund des Gewöhnungseffektes nicht erkennen. Die einzige zuverlässige Methode, Gewissheit über den eigenen Atem zu bekommen, besteht daher in der (vielleicht etwas peinlichen) Methode, einen vertrauten Mitmenschen zu befragen.

Obst

Verschlucke keine Obstkerne!

Darüber, dass Kinder Obst ohne die darin enthaltenen Kerne essen sollen, sind sich die meisten Mütter einig; warum die Kerne schädlich sind, wissen sie allerdings in der Regel nicht zu sagen. Allenfalls ist immer wieder von der Gefahr einer Blinddarmentzündung die Rede.

Tatsache ist jedoch, dass kleinere Obstkerne wie die von Äpfeln, Birnen, Melonen, Orangen und auch von Kirschen und Pflaumen getrost mitgegessen werden dürfen, weil sie keinerlei Schaden anrichten.

Die Gefahr, dass sie sich im Blinddarm festsetzen und dort zu einer entzündlichen Reaktion führen, ist nicht größer als bei vielen anderen Nahrungsmitteln auch; und dass durch die Inhaltsstoffe der Kerne irgendein gesundheitlicher Schaden entstehen könnte, kann man schon allein deswegen ausschließen, weil sie normalerweise unzerkaut verschluckt und – da ihre Hülle unverdaulich ist – genauso wieder ausgeschieden werden. Selbst der Magensaft von Füchsen, der ungleich aggressiver ist als der menschliche, ist nicht in der Lage, die Schale geschluckter Obstkerne aufzulösen, wie man unschwer an der überall in Wald und Feld anzutreffenden Fuchslosung erkennen kann, die regelmäßig vollständige Kerne enthält.

Deshalb gibt es auch kein – immer wieder postuliertes – Risiko, das in den Kernen eingeschlossene Amygdalin könnte freigesetzt und zu Blausäure umgewandelt werden; ganz abgesehen davon, dass die theoretisch frei werdende Menge für eine ernste Erkrankung gar nicht ausreichen würde. Die Gefahr einer Blausäurevergiftung nach dem Schlucken von Obstkernen kann man also getrost vergessen!

Ein gewisses Risiko bergen allenfalls größere Kerne wie die eines Pfirsichs, aber auch diese können nur eine vorübergehende Verzögerung der Darmpassage auslösen. Natürlich kann man sich an Obstkernen verschlucken, das heißt, sie versehentlich in die Atemwege und damit in den Kehlkopf bekommen, aber das kann bei anderen Nahrungsmitteln genauso passieren und hat mit dem eigentlichen Herunterschlucken überhaupt nichts zu tun. Wer also einen Apfel oder eine Birne am liebsten mitsamt des kompletten Kerngehäuses verspeist, sollte das getrost und ruhigen Gewissens tun.

Trinke nach Obst kein Wasser, sonst verdirbst du dir den Magen!

Wer hat das noch nicht von besorgten Eltern, Verwandten oder Bekannten zu hören bekommen: Nach dem Obstessen darf man keinesfalls Wasser trinken, weil man sonst schreckliches Bauchweh bekommt! Doch was ist dran an dieser uralten Regel?

Nun, es ist so, dass das Bauchweh durch Gärungsprozesse in Magen und Darm ausgelöst wird, für deren Zustandekommen unbedingt Keime – Bakterien und Kleinstpilze – vonnöten sind. Diese können mit dem Obst durchaus in den Magen gelangen, werden dort jedoch normalerweise von der reichlich vorhandenen Säure rasch abgetötet und unschädlich gemacht. Trinkt man nun zum oder nach dem Obst eine Menge Wasser, so verdünnt dieses die Magensäure unter Umständen derart, dass sie ihre keimtötende Wirkung verliert. Dies kommt jedoch allenfalls bei in größeren Mengen verspeisten kleineren Obstsorten – etwa Kirschen oder Johannisbeeren – mit verhältnismäßig großer, von Bakterien besiedelter Oberfläche vor, während bei Äpfeln, Birnen oder anderen größeren Früchten keinerlei Gefahr besteht. Die Regel, nach Obst grundsätzlich nichts zu trinken, stammt wohl noch aus einer Zeit, in dem das Wasser nicht die heutige Qualität hatte und zahlreiche Keime – unter anderem gärungsfördernde Hefepilze – enthielt, die

die am Obst haftenden Kleinstlebewesen bei ihrer unheil-
vollen Tätigkeit noch unterstützten.

Pilze

Von Schnecken angefressene Pilze darf man getrost essen, die können nicht giftig sein!

Warum soll man ausschließlich Pilze sammeln, die man ganz genau kennt, wenn man doch nur beobachten muss, ob Tiere die begehrten Früchte des Waldbodens vertragen? Wenn Schnecken, nachdem sie an einem Pilz geknabbert haben, fröhlich weiterleben und -fressen, kann der Pilz ja nicht giftig sein. Das denken viele, doch das ist ein bisweilen folgenschwerer Trugschluss!

Denn das, was uns Menschen schadet, muss einer Schnecke noch lange nichts anhaben, da ihr Stoffwechsel mit dem unsrigen absolut nicht vergleichbar ist. Gerade den Grünen Knollenblätterpilz, Ursache der übelsten Pilzvergiftungen, lieben manche Schnecken über alles. Sein Gift, das uns Menschen schon in geringen Mengen umbringt, ist für sie nicht nur völlig unschädlich, sondern man geht sogar davon aus, dass es sich in ihrem Körper ansammelt und sie selbst vor dem Gefressenwerden schützt.

Im Übrigen sind auch andere angeblich sichere Methoden zur Unterscheidung giftiger von ungiftigen Pilzen ganz und gar untauglich: Eine mitgekochte Zwiebel zeigt ebenso wenig wie ein hinzugegebener Silberlöffel durch eine bestimmte Verfärbung einen Giftpilz an. Es ist daher leider tatsächlich so, dass man, wenn man eine Vergiftung mit Sicherheit vermeiden will, nur diejenigen Pilze verspeisen darf, die man ganz genau kennt.

Pilze darf man nicht aufwärmen!

Zu Großmutters Zeiten war das ein eisernes Küchengesetz: Um Gottes willen keine aufgewärmten Pilze – davon wird man schwer krank!

Tatsache ist, dass Pilze aus Wasser und relativ viel Eiweiß bestehen und dass Eiweiß rasch zersetzt wird. Dadurch verderben Pilzgerichte nicht nur schneller als andere Nahrungsmittel, sondern es bilden sich auch giftige Abbauprodukte. Ganz besonders gilt das, wenn man sie längere Zeit im Warmen lagert. Und hierin – in der Aufbewahrung, nicht im Aufwärmen (!) – liegt bzw. lag das eigentliche Problem! Früher, als man noch nicht über geeignete Kühlgeräte verfügte, war die Empfehlung, Reste von Pilzgerichten lieber wegzuwerfen, als sie noch ein zweites Mal auf den Tisch zu bringen, sicher sinnvoll. Zu groß war das Risiko, sich an den in der Wärme entstandenen Abbauprodukten den Magen zu verderben. Heute ist diese Sorge jedoch unbegründet, sofern man die Reste der Pilzmahlzeit möglichst bald in den Kühlschrank stellt. Auf diese Weise kalt gehalten, bleibt das Gericht ohne weiteres noch bis zum übernächsten Tag genießbar. Wer ganz sicher gehen will, sollte es erst kurz vor dem zweiten Essen herausholen, es dann möglichst rasch erwärmen und auf gründliches Durchkochen achten.

Rauchen

Zünde deine Zigarette nie an einer Kerze an!

Nicht wenige Menschen sind der Meinung, die ersten Züge aus einer Zigarette seien besonders gesundheitsschädlich, wenn man sie an einer Kerzenflamme entzündet hat. Zur Begründung führen sie an, die Verbrennungsprodukte der Kerze gingen über das Feuer auf die Zigarette über und würden dann vom Raucher eingeatmet.

Das stimmt zum Teil sogar, aber dennoch bestehen gegen die Verwendung der Kerze zum Anzünden des Glimmstängels keinerlei Bedenken, da brennendes Kerzenwachs weitaus weniger Schadstoffe abgibt, als im Zigarettenrauch ohnehin enthalten sind. Wer aus Angst um seine Gesundheit anstelle einer Kerze ein Streichholz oder ein Feuerzeug zum Anzünden verwendet, verhält sich genauso töricht wie jemand, der zuerst ein kleines Glas Bier mit Hinweis auf den darin enthaltenen, schädlichen Alkohol ablehnt – und dann einen halben Liter Hochprozentiges in sich hineinkippt.

Regen

Renne nicht bei Regen,
sonst wirst du unnötig nass!

Man macht einen Spaziergang, und unvermittelt beginnt es zu regnen. Da man nicht bis auf die Haut nass werden will, versucht man, so schnell wie möglich ins Trockene – ins Auto oder nach Hause – zu kommen. Doch wie verhält man sich richtig? Vielfach ist zu hören, man müsse unbedingt normalen Schrittes weitergehen, da man beim Laufen oder Rennen von mehr Tropfen getroffen und dadurch nur noch unnötig nasser würde. Doch das ist schlicht falsch!

Denn die Regenmenge beziehungsweise die Feuchtigkeit, die einen von oben trifft, ist ausschließlich abhängig von der Zeit, die man sich im Freien aufhält. Je schneller man sich also in Sicherheit bringt, desto weniger regnet es einem auf Kopf und Schultern. Dagegen hängt die Anzahl der Regentropfen, die einen von vorne treffen, ausschließlich von der Wegstrecke ab; das heißt, man schneidet gewissermaßen einen »Schlauch« aus dem Regen heraus. Beeilt man sich daher, indem man in flotten Laufschritt verfällt, bleibt die Regenmenge auf die Frontpartie vollkommen unverändert, während das Wasser, das einen von oben trifft, wegen der kürzeren Aufenthaltsdauer im Regen abnimmt. Laufen ist also durchaus sinnvoll, ganz besonders dann, wenn es einer Frau – wie so häufig – darum geht, möglichst keine nassen Haare zu bekommen. Komplizierter wird die Sache allerdings, wenn zugleich noch starker Wind weht. Dann gilt, dass Laufen – und zwar am besten in Windrichtung – ebenfalls sinnvoll ist, wobei das Tempo jedoch die Windgeschwindigkeit nicht überschreiten sollte. Allerdings steht zu befürchten, dass man, bis man Windrichtung und -geschwindigkeit ermittelt und berücksichtigt hat, schon gehörig nass geworden ist. Also am besten gleich, wenn es zu regnen anfängt, die Beine in die Hand nehmen und so flott wie möglich in Richtung Trockenheit lostraben!

Reisekrankheit

Wenn dir beim Autofahren häufig schlecht wird, iss vorher nichts!

Menschen, denen es nicht nur auf einem schlingernden Schiff in rauer See, sondern auch schon bei einer ganz normalen Autofahrt regelmäßig schlecht wird, sind wahrlich nicht zu beneiden. Statt die vorbeiziehende Landschaft zu genießen, kämpfen sie mit heftiger Übelkeit und massivem Brechreiz. Oft erhalten die Betroffenen den Rat, längere Autofahrten am besten mit nüchternem Magen anzutreten, da so der Drang zu erbrechen erheblich abgemildert wurde. Doch das Gegenteil ist der Fall!

Denn ein leerer Magen wird durch die Bewegungsreize, deren unterschiedliche Wahrnehmung durch Körper und Gehirn letztendlich das unangenehme Schwindelgefühl und die damit verbundene Übelkeit auslöst, weit mehr in Mitleidenschaft gezogen als ein mäßig gefüllter. Sicher ist es nicht ratsam, vor einer Fahrt größere Mengen schwer verdaulicher, fettreicher Speisen zu sich zu nehmen. Eine leichte Mahlzeit aus Obst, Gemüse, Salat, Keksen oder Zwieback wirkt den unangenehmen Symptomen jedoch entgegen, anstatt sie zu verstärken, und macht dadurch die gefürchtete Fahrt erträglicher. Auch unterwegs ist es ratsam, immer wieder einmal einen kleinen Happen zu sich zu nehmen, um den Magen stets in einem mäßigen Füllungszustand zu halten. Und auch, wenn die Übelkeit schon eingetreten ist, wirken – gerade bei vorher nüchternem Magen – ein Stück trockenes Weißbrot oder ein Keks oft Wunder.

Restaurant

Im Restaurant bestellt der Herr für die Dame mit!

Früher war das eine eiserne Regel: Ein Mann, der eine Dame in ein Lokal zum Essen ausführte, erkundigte sich höflich bei ihr, was sie wünsche, und gab dann quasi eine Sammelbestellung beim Ober auf. Heutzutage gilt diese Regel als überholt. Jeder darf sein Essen und die Getränke dazu getrost selbst bestellen. Nach Meinung des »Arbeitskreises Umgangsformen International« ist das nicht nur erlaubt, sondern vor allem bei größeren Tischrunden sogar erheblich praktischer.

Dasselbe gilt übrigens auch für das Begleichen der Rechnung: Nichts spricht dagegen, dass jeder am Tisch das, was er konsumiert hat, auch selbst bezahlt.

Rote Ampel

Vor einer roten Ampel musst du anhalten!

Damit kein Missverständnis aufkommt: Natürlich darf man Ampeln nicht einfach missachten und unabhängig davon, ob sie rot oder grün zeigen, zügig weiterfahren. Aber die Regel, dass man vor jeder roten Ampel anhalten muss, ist trotzdem schlichtweg unsinnig!

Gemeint sind die Fußgängerampeln, die dazu da sind, vor allem Kindern und älteren Personen das gefahrlose Überqueren der Straße zu ermöglichen. Sofern sie tatsächlich zu diesem Zweck benützt werden, haben sie ganz sicher ihre Berechtigung. Doch jeder Autofahrer weiß, dass das eben häufig nicht der Fall ist. Oft muss er, wenn er vor der Ampel bremst, erkennen, dass sich derjenige, der sie auf rot geschaltet hat, längst auf der anderen Straßenseite befindet, weil er das Umspringen der Lichter nicht abwarten wollte. Er ist also vollkommen in Sicherheit, und ein anderer, dem die rote Ampel in irgendeiner Weise nützlich wäre, ist weit und breit nicht in Sicht. Der jetzt brav anhaltende und geduldig wartende Autofahrer erweist der roten Ampel und damit der Obrigkeit ebenso seine Reverenz wie weiland die Schweizer dem Landvogt Gessler, vor dessen Hut sie sich devot zu verneigen hatten.

Was spräche denn dagegen, trotz roter Ampel langsam weiterzufahren, wenn das Stehenbleiben allenfalls den Verkehr aufhält und sonst absolut keinen Sinn hat? Ganz sicher nicht der Einwand, die Autofahrer würden dann überhaupt keine Ampeln mehr beachten oder gar über jedes rote Licht grundsätzlich hinwegsehen. Schließlich ist permanente Vorsicht und Rücksichtnahme im Straßenverkehr von ebenso elementarer Bedeutung wie eine klare, verantwortungsbewusste Einschätzung der Situation und ein daraus resultierendes angemessenes Verhalten.

So wie die meisten Autofahrer auch vor Zebrastreifen anhalten, wenn sie erkennen, dass Passanten die Straße überqueren wollen, so werden sie auch eine rote Ampel als Hinweis auf das absolute Vorrecht der Fußgänger werten und selbstverständlich stoppen – sofern denn welche da sind, die dieses Vorrecht in Anspruch nehmen wollen. Langsam und behutsam weiterzufahren, wenn man erkennt, dass die Ampel ihren Dienst längst erfüllt hat, macht einen Autofahrer ganz sicher nicht zu einem rücksichtslosen Verkehrsrowdy.

Salz

Iss nicht so viel Salz, sonst steigt dein Blutdruck!

Weltweit begnügen sich Millionen von Menschen Tag für Tag mit faden Fleischgerichten, mit Suppen, die nach nichts schmecken, und mit Gemüse, dem der letzte Pfiff fehlt, weil sie fürchten, jedes Gramm Salz sei für sie schädlich, indem es den Blutdruck in gefährliche Höhen treibe. Dabei ist das alles andere als sicher!

Zwar kamen etliche Wissenschaftler in der Vergangenheit tatsächlich zu dem Schluss, eine salzarme Ernährung senke langfristig den Blutdruck und sei deshalb im Hinblick auf die Vorsorge vor Herz-Kreislauf-Erkrankungen unbedingt anzuraten, doch die wissenschaftliche Basis dieser Empfehlung, die sich hauptsächlich auf Tierversuche und Vergleiche zwischen sehr unterschiedlich lebenden Völkern stützte, war von Anfang an denkbar schwach. Ende der Siebzigerjahre kamen dann erste Zweifel auf, ob Salz wirklich so schädlich sei, wie immer behauptet, und 1984 führte eine Analyse der verfügbaren Daten sogar zu dem Schluss, Salz sei vollkommen harmlos. Tatsächlich fand sich in der 1988 publizierten »Scottish Heart Health Study« nicht der geringste Zusammenhang zwischen Salzkonsum und Blutdruck. Die bis heute größte epidemiologische Studie war dann INTERSALT, die weltweit den Zusammenhang zwischen Salzzufuhr und Blutdruck an über 10.000 Menschen untersuchte, und zwar sowohl in Regionen mit extrem hohem als auch in solchen mit außerordentlich niedrigem Salzkonsum. Ergebnis: Eine unmittelbare Beziehung zwischen Salzaufnahme und Blutdruck besteht nicht!

Im April 1997 wurde schließlich die so genannte »DASH-Studie« veröffentlicht, die zu dem Resultat kam, dass die Ernährung zwar den Blutdruck beeinflussen könne, Salz dabei aber keine Rolle spiele. Nach dieser Untersuchung reduziert eine Kost, die reich an Früchten, Gemüse und fettarmen Milchprodukten ist, den Blutdruck innerhalb von drei Wochen stärker als jedes Medikament. Zweifel ergeben sich auch aus zwei weiterer Studien, die erst in den letzten Jahren publiziert wurden und einer salzarmen Diät sogar ein Gesundheitsrisiko bescheinigten. Letztendlich kamen die Forscher zu dem Ergebnis, dass die schädlichen Wirkungen des Kochsalzes offenbar ebenso minimal sind wie die angeblich nützlichen, kurz: dass die Aufnahme von mehr oder weniger Kochsalz gesundheitlich vollkommen ohne Belang ist.

Schlaf

Der Schlaf vor Mitternacht ist der gesündeste!

Nicht wenige Menschen zwingen sich Abend für Abend ins Bett, obwohl sie noch gar nicht müde sind, und zwar einzig und allein deshalb, weil sie keinesfalls den Schlaf vor Mitternacht versäumen wollen, der allgemein als besonders erholsam gilt. Doch das ist Unsinn!

Sicher ist allenfalls, dass wir zu unserem Wohlbefinden täglich etliche Stunden Schlaf benötigen, dass wir jedoch nicht irgendwann, wenn es uns gerade ins Konzept passt, das heißt zu einem beliebigen Zeitpunkt, schlafen können. Das lässt unsere innere Uhr nicht zu, die uns einen periodischen Schlaf-Wach-Rhythmus ganz einfach dadurch aufzwingt, dass wir irgendwann immer müder werden und schließlich kaum noch die Augen offen halten können. Wer also um neun Uhr abends anfängt zu gähnen und dann auch zu Bett geht, hat sehr gute Chancen, rasch einzuschlummern und alsbald in erholsamen Tiefschlaf zu verfallen. Wen die Müdigkeit jedoch erst gegen Mitternacht befällt, dem ist eher davon abzuraten, sich bereits um neun verzweifelt um Schlaf zu bemühen. Unser Ruhebedürfnis wird nun einmal vom Gehirn – in zwei sich wechselseitig beeinflussenden Zentren – gesteuert und ist von Mensch zu Mensch sehr unterschiedlich.

Untersuchungen haben ergeben, dass die ersten Stunden des Schlafes tatsächlich besonders tief und daher für den Erholungseffekt wertvoll sind und dass wir später in einen eher flachen Schlummer verfallen, aus dem wir leicht geweckt werden können und in den wir dann oft nur schwer zurückfinden. Das bedeutet aber keineswegs, dass es zwischen den intensiveren und weniger tiefen Schlafphasen eine starre zeitliche Grenze gibt; und dafür, dass diese Grenze gerade um Mitternacht liegen soll, fehlt ohnehin jeglicher Beweis.

Wer also ein gewohnheitsmäßiger Nachtschwärmer ist und meist erst nach Mitternacht zu Bett geht, für den fällt die erholsamste Schlafphase eben in diese späte Zeit, während ein anderer, der sich Abend für Abend schon zwischen acht und neun Uhr zur Ruhe legt, seine erste Tiefschlafphase um Mitternacht vielleicht schon hinter sich hat.

Wenn du nicht einschlafen kannst, zähle Schäfchen!

Jeder hat das schon einmal erlebt: Man wird immer müder, geht zu Bett und kann dennoch nicht einschlafen. Man wälzt sich von einer Seite auf die andere und liegt nach einer Stunde noch immer wach. Für derartige Fälle gibt es ein angeblich absolut sicher wirkendes Hausmittel: Schäfchenzählen. Doch damit gelangt man keineswegs sofort ins Land der Träume!

Wie ein britisches Forscherteam der Universität Oxford in umfangreichen Versuchen ermittelt hat, hält Schäfchenzählen viele Menschen sogar eher wach. Tatsächlich gelingt es nur wenigen, durch die Konzentration auf derart monotone Dinge zur Ruhe zu kommen. Das liegt daran, dass es das Gehirn ist, das uns nicht einschlafen lässt. Gehen uns ständig Gedanken, Verpflichtungen oder angstvolle Erwartungen durch den Kopf, so ist an erholsamen Schlummer überhaupt nicht zu denken. Vor allem Menschen, die gewohnt sind, auch tagsüber immer an mehrere Dinge gleichzeitig zu denken, sind mühelos in der Lage, mehr als tausend Schäfchen zu zählen, während das Gehirn nebenbei munter weiterrattert. Ihnen ist eher zu raten, sich auf etwas Kompliziertes, beispielsweise einen schwierigen Liedertext, zu konzentrieren, der ihre Aufmerksamkeit vollkommen beansprucht und anderen Gedanken keinen Platz mehr lässt.

Wieder andere empfinden es beim Einschlafen als hilfreich, sich besonders schöne Erlebnisse oder beruhigende Bilder – etwa einen rauschenden Wasserfall oder Meereswellen an einem Palmenstrand – vorzustellen, um so die innere Anspannung zu lösen. Diese Strategie scheint insofern wirksam zu sein, als sie im Gehirn möglicherweise Botenstoffe, so genannte »Neurotransmitter«, freisetzt, die den Übergang vom Wach- in den Schlafzustand fördern.

Welche Methode – sofern überhaupt erforderlich – man anwendet, ist letztlich bedeutungslos, wichtig ist einzig und allein der beruhigende Effekt, der dann eintritt, wenn es gelingt, das Gehirn beim Umschalten vom Tag- auf den Nachtzustand zu unterstützen. Schäfchenzählen ist für diesen Zweck ganz sicher nicht übermäßig geeignet.

Wenn du gut schlafen willst, trinke vor dem Zu-Bett-Gehen einen Schlummertrunk!

Der abendliche »Schlummertrunk« ist wohl dasjenige Schlafmittel, das sich Menschen am häufigsten selbst verordnen. Und unbestreitbar hat Alkohol ja auch eine entspannende, gelassen machende, ja, zum Teil sogar erheiternde Wirkung, die den Übergang von der Hektik des Tages zur Ruhe der Nacht durchaus fördert. Das Problem liegt allerdings darin, dass sich der Körper an Alkohol – wie an andere »Arzneimittel« auch – gewöhnt und man deshalb, um einen merklichen Effekt zu erzielen, eine immer größere Dosis zu sich nehmen muss. Dies aber führt nicht nur zu einer ständig steigenden Abhängigkeit, sondern auch dazu, dass der Organismus nachts immer mehr Alkohol abbauen muss, was einen friedlichen Schlummer eher stört als fördert, sodass der Betroffene nach einigen Stunden des Tiefschlafs plötzlich wieder aufwacht und nicht mehr einschlafen kann.

Eine Erklärung für dieses Phänomen haben Forscher der amerikanischen Wake-Forest-Universität erst kürzlich gefunden: Demnach wirkt Alkohol in hohen Dosen dämpfend auf den Thalamus, eine Gehirnregion, die für die Steuerung eines erholsamen Schlafes große Bedeutung hat. Folge: Der Thalamus kann nicht mehr regelnd eingreifen und lässt den Betroffenen in eine Art »Narkose« fallen. In geringen Dosen hat Alkohol dagegen einen eher stimulierenden Effekt auf den Thalamus, was dazu führt, dass dieser nach einigen Stunden, wenn der Alkohol nach und nach abgebaut worden ist, immer aktiver wird und den Betroffenen gnadenlos weckt. Von erholsamem Schlaf kann dann keine Rede mehr sein.

Schlafwandler

Sprich niemals einen Schlafwandler an, sonst findet der nicht mehr ins Bett zurück!

Erwachsene Menschen, die nachts ihr Bett verlassen und ziellos durch die Wohnung irren, sind zum Glück sehr selten. Bei Kindern geht man dagegen davon aus, dass etwa 15 Prozent zu nächtlichen Ausflügen neigen. In derartigen Fällen – so hört man oft – müsse man sich möglichst still verhalten und dürfe den Betreffenden keinesfalls ansprechen, sonst fände der nicht ins Bett zurück (oder, noch schlimmer: könne einen lebensgefährlichen Schock erleiden). Doch das ist Unfug!

Nach Dr. Geert Mayer von der »Deutschen Gesellschaft für Schlafforschung und Schlafmedizin« kann man sich mit einem Schlafwandler sogar bedenkenlos unterhalten, wobei man allerdings damit rechnen muss, dass man auf Fragen vollkommen unpassende Antworten erhält. Da Schlafwandler nicht verstehen, was um sie herum vorgeht, reagieren viele von ihnen zudem ausgesprochen aggressiv, wenn man sie anspricht. (Daher kommt wahrscheinlich die »Schock«-These.)

Danach suchen sie jedoch erstaunlicherweise wieder ihr Bett auf, das sie in der Regel auch problemlos finden, und können sich am nächsten Tag dann weder an ihren nächtlichen Spaziergang noch an irgendein Gespräch erinnern.

Schnaps

Nach einem fetten Essen geht nichts über einen Verdauungsschnaps!

Nach einer schweren, fetten Mahlzeit verlangt es viele Menschen nach nichts mehr als nach einem klaren Schnaps: einem Korn, einem Obstler oder einem Aquavit. Der soll angeblich die Verdauung anregen und auf diese Weise das lästige Völlegefühl vertreiben. Doch ob er dazu überhaupt in der Lage ist, erscheint mehr als zweifelhaft!

Allenfalls fördert Alkohol, in geringen Mengen genossen, die Produktion von Magensäure und beschleunigt zudem die Magenentleerung, wodurch kurzfristig ein Gefühl der Erleichterung entsteht. Diese angenehme Empfindung wird jedoch mit dem Nachteil erkauft, dass das Fett nicht schneller, sondern sogar langsamer aufgespalten wird, weil der Organismus zunächst mit dem Abbau des Alkohols beschäftigt ist. Daraus Energie zu gewinnen, ist für ihn nämlich wesentlich einfacher als aus anderen Nahrungsmitteln.

Außerdem reizt der hochprozentige Alkohol die Verdauungsorgane und kann, wenn man ihn häufig zu sich nimmt, durchaus eine chronische Magenschleimhautentzündung heraufbeschwören.

Schnupfen

Zieh bei Schnupfen nicht die Nase hoch!

Kinder lernen es von klein auf: Bei Schnupfen verwendet man ein Taschentuch, in den man den schleimigen Naseninhalt möglichst dezent hineinschnäuzt! Die Nase einfach geräuschvoll hochzuziehen, gilt als außerordentlich unfein und deshalb als streng verboten. Diese Benimmregel ist je-

doch aus medizinischer Sicht ganz und gar falsch. Und zwar deshalb, weil man beim kraftvollen Schnäuzen einen erheblichen Druck erzeugt, der den mit Bakterien versetzten Schleim nicht nur nach außen, sondern zum Teil auch in die Nasennebenhöhlen befördert. Aktuelle Studien, die unabhängig voneinander an den Universitäten von Virginia in den USA und Arhus in Dänemark durchgeführt wurden, ergaben übereinstimmend, dass bei jedem Schnäuzen etwa ein Milliliter Schleim in die Nebenhöhlen geblasen wird. Bei durchschnittlich 40 Nasenreinigungen pro Schnupfentag ergibt das eine ganz beträchtliche Menge. Mit dem trompetenden Schnäuzen steigert man deshalb nur das Risiko, zusätzlich zum Schnupfen auch noch eine eitrige Nasennebenhöhlen-Entzündung zu bekommen. Daher sollte man den Schleim besser hochziehen, wodurch nicht nur kein gefährlicher Über-, sondern vielmehr sogar ein Unterdruck entsteht, der Absonderungen aus den Nebenhöhlen heraussaugt und auf diese Weise reinigend wirkt. Das Problem ist nur, dass das Hochziehen ohne unfeine Geräuschentwicklung leider unmöglich und im Beisein anderer deshalb kaum durchführbar ist. Außerdem bekommt man dabei den Schleim unweigerlich in den Mund, und wenn man ihn nun ausspuckt, ist das ebenfalls alles andere als vornehm. Deshalb tut man besser daran, ihn hinunterzuschlucken, was vollkommen risikolos ist, da die Magensäure die infektiösen Anteile neutralisiert.
Niesen ist übrigens weit weniger gefährlich als Schnäuzen, weil sich dabei nur etwa ein Zehntel des Drucks aufbaut.

Benutze bei Schnupfen stets frische Papiertaschentücher, sonst steckst du dich immer wieder selbst an!

Wenn heute kaum noch jemand die guten alten Stofftaschentücher benützt, so liegt das nicht zuletzt an der immer wieder hartnäckig aufgestellten Behauptung, man müsse Taschentücher häufig wechseln, sonst stecke man sich immer wieder am eigenen Schnupfen an.

Doch das ist mehr als zweifelhaft!

Denn ein Schnupfen ist eine Viruserkrankung, bei der sich die Erreger in den Atmungsorganen ganz von selbst vermehren. Ein ständiger Nachschub ist dazu nicht erforderlich. Das Immunsystem des Körpers reagiert auf den Virenansturm mit der massenhaften Produktion von Antikörpern, und sobald diese in ausreichender Zahl vorhanden sind, um die krank machenden Eindringlinge samt und sonders zu vernichten, klingen die Krankheitssymptome ab und sind kurz darauf überwunden. Womit der Betroffene sich die Nase putzt, hat auf diesen Ablauf keinen Einfluss. Wäre es anders, wären die Menschen zur Zeit der Stofftaschentücher einen Schnupfen nie oder zumindest erst nach viel längerer Zeit als heute losgeworden. Das aber ist mitnichten der Fall.

Genau genommen ist die Frage Selbstansteckung oder nicht jedoch müßig. Denn eines haben Einmal-Papiertaschentücher ihren textilen Artgenossen allemal voraus: Sie sind stets sauber und appetitlich, was man von den triefenden, schmierigen und oft verklumpten Lappen, die unsere Vorfahren mit sich herumtrugen, nun wahrlich nicht behaupten kann.

Wenn jemand niest, sagt man »Gesundheit«!

»Wie heißt das!?«, fragen Eltern auch heute noch häufig ihren Sprössling, wenn dieser das Niesen einer anderen Person nicht mit einem sofortigen »Gesundheit« quittiert. Dabei ist diese Vorschrift nicht nur vollkommen überholt, sondern war im Grunde schon immer ein Nonsens!

Denn zum einen ist es sicher nicht besonders höflich, die körperliche Störung eines anderen Menschen, in diesem Fall möglicherweise einen Schnupfen, auch noch lauthals zu kommentieren, zum anderen gehen zahlreiche Experten davon aus, mit dem Wunsch nach Gesundheit sei niemals der Niesende, sondern stets der Wünschende selbst gemeint gewesen, etwa im Sinne eines beschwörenden »Ich bekomme das nicht!« Wie dem auch sei, das floskelhafte »Gesundheit« ist jedenfalls längst überholt; Menschen mit guten Manieren nehmen krankheitsbedingte Lautäußerungen eines anderen dezent schweigend zur Kenntnis.

Schokolade

Iss nicht so viel Schokolade, sonst bekommst du Pickel!

Millionen von Teenagern weltweit verzichten Tag für Tag schweren Herzens auf Schokolade oder Pralinen, obwohl sie nichts lieber mögen als diese zarten Süßigkeiten. Der Grund liegt in der weit verbreiteten Überzeugung, Schokolade begünstige Akne, lasse also auf der Haut Pickel sprießen. Und tatsächlich schwören vor allem junge Mädchen, ihre Haut würde sofort mit Unreinheiten reagieren, sobald sie auch nur ein einziges Schokostückchen äßen. Für einen derartigen Zusammenhang gibt es jedoch keinen einzigen wissenschaftlich stichhaltigen Beweis!

Im Gegenteil: In einer groß angelegten Studie unter Leitung des amerikanischen Mediziners Fulton stopften Wissenschaftler Ende der Sechzigerjahre mehrere Wochen lang Dutzende von Teenagern Tag für Tag mit Schokolade geradezu voll, und zwar eine Hälfte mit echter Schokolade, die andere mit einem Kunstprodukt aus völlig anderen Bestandteilen, das jedoch genauso schmeckte und aussah. Auf Akne und etwaige Hautunreinheiten hatte das nicht den geringsten Effekt: Am Ende hatten die Mädchen beider Gruppen genauso viele oder genauso wenige Pickel wie vorher!

Schwangerschaft

Wenn du schwanger bist, darfst du mit Alkohol und Nikotin nicht abrupt aufhören, sonst schadest du deinem Baby!

Dass Alkohol und Nikotin für ein ungeborenes Kind alles andere als gesund sind, weiß so gut wie jede Frau. Doch trotzdem rauchen und trinken viele Schwangere weiter, weil sie befürchten, das abrupte Aufhören schade dem Baby mehr, als es ihm nütze. Ja, manche glauben sogar allen Ernstes, der sofortige Alkohol- und Nikotinstopp könne eine Fehlgeburt auslösen. Diese Frauen kann man beruhigen (oder, je nachdem, um ihre Rechtfertigung für das eigene Suchtverhalten bringen).

Denn ebenso wie der plötzliche Verzicht auf beide Genussgifte bei einem Erwachsenen keinerlei Schaden anrichtet, so trifft das auch für ein Kind im Mutterleib zu. Für eine rauchende oder trinkende Frau, die erfährt, dass sie schwanger ist, gibt es deshalb nur eines: mit beidem besser heute als morgen aufhören!

Schwimmen

Schwimme nicht nach dem Essen, das ist gefährlich!

Generationen von Kindern haben dieses Gebot zu hören bekommen, wenn sie im Sommer nach einer reichhaltigen Mahlzeit in einen Fluss, einen See oder ein Schwimmbecken springen und sich darin erfrischen wollten. Und in den Baderegeln der DLRG steht es seit langem gleich hinter der Warnung vor einem Kopfsprung in ein unbekanntes Gewässer. Doch so alt diese Regel ist, so falsch ist sie!

Denn was soll schon passieren, wenn man nach dem Essen einige Runden schwimmt? Magenkrämpfe – wie vielfach behauptet – bekommt man jedenfalls nicht. Sonst würden Spitzenschwimmer unmittelbar vor einem Wettkampf ganz bestimmt nichts zu sich nehmen. Allenfalls kann es passieren, dass es einem Menschen bei schnellem Kraulen nach einem opulenten Mahl schwindelig und schlecht wird. Das aber hat mit dem Schwimmen selbst überhaupt nichts zu tun, sondern liegt schlicht daran, dass nach dem Essen ein Großteil der Gesamtblutmenge in die Verdauungsorgane fließt und dem restlichen Körper, vor allem dem Gehirn, vorübergehend fehlt. Strengt man sich in dieser Zeit körperlich stark an, so beanspruchen auch die Muskeln weitaus mehr Blut als im Ruhezustand, mit der Folge, dass das Gehirn nun tatsächlich nicht mehr ausreichend durchblutet wird, was unweigerlich ein Gefühl der Mattigkeit, ja, oft sogar regelrechte Übelkeit nach sich zieht.

Deshalb ist der Rat, sich nach einer ausgiebigen Mahlzeit eine Weile Ruhe zu gönnen, durchaus sinnvoll. Gegen maßvolle körperliche Betätigung spricht jedoch absolut nichts, wobei ruhiges Schwimmen genausowenig schadet wie ein gemächlicher Spaziergang.

Sekt

Wenn du Sekt frisch halten willst, stecke einen Silberlöffel in den Flaschenhals!

Hier handelt es sich um ein altes Hausrezept, das wohl jeder schon einmal gehört und vielleicht sogar selbst ausprobiert hat. Und es gibt tatsächlich nicht wenige Genießer, die behaupten, die Methode funktioniere einwandfrei. Das aber stimmt allenfalls bedingt – nämlich nur dann, wenn man die angebrochene Flasche mit dem eingehängten Löffel unmittelbar nach dem Trinken in den Kühlschrank stellt. Dort wirkt der Silberlöffel – wegen der guten Wärmeleitfähigkeit sollte er tatsächlich aus Silber sein – als Hilfsmittel, um die Wärme möglichst schnell aus der Flasche nach außen zu transportieren. In Versuchen konnte nachgewiesen werden, dass der Inhalt einer offenen Sektflasche mit Löffel nach einer Stunde im Kühlschrank etwa drei Grad kälter ist als ohne. In kalter Flüssigkeit kann sich aber mehr Kohlendioxid lösen als in warmer, sodass in einer durch den Löffel gekühlten eine größere Menge perlenden Gases verbleibt. Zwar konnten Forscher des »Fraunhofer Instituts für Chemische Technologie« in einem entsprechenden Versuch keinen derartigen Effekt nachweisen, andere – beispielsweise die Mitarbeiter der ARD-Sendung »Kopfball« – jedoch sehr wohl.

Tatsache ist aber, dass die Flasche, wenn man sie im Warmen stehen lässt, mit oder ohne Silberlöffel ihr Kohlendioxid gleich schnell verliert, und dass auch im Kühlschrank Sekt aus einer angebrochenen, mit einem Löffel versehenen Flasche erheblich schwächer perlt als aus einer, die vorher sorgfältig verkorkt wurde. Insofern handelt es sich bei dem Löffel-Ratschlag tatsächlich um eine unsinnige Regel, denn außerhalb des Kühlschranks bewirkt die Methode gar nichts und im Kühlschrank gibt es ein viel besseres Verfahren.

Am besten – da sind sich Sekttrinker und Wissenschaftler einig – schmeckt das schäumende Getränk ohnehin, wenn man es ganz frisch, das heißt, unmittelbar nach dem Öffnen der gut gekühlten Flasche, genießt.

Selbstbefriedigung

Selbstbefriedigung macht krank!

Viele Jugendliche, aber auch gestandene Männer und Frauen haben ein furchtbar schlechtes Gewissen, wenn sie sich selbst befriedigen. Sie fürchten, etwas Schmutziges und Verbotenes zu tun, und haben dazu noch Angst, ihre Gesundheit zu gefährden. Tatsächlich herrschte vor noch gar nicht allzu langer Zeit die Auffassung, Selbstbefriedigung habe schlimme Krankheiten wie Rückenmarks-Tuberkulose, Lähmungen, Epilepsie, ja, sogar regelrechte Verblödung zur Folge, Frauen könnten nicht mehr schwanger werden und Männer würden für alle Zeit impotent. Selbst heute – in unserer angeblich so aufgeklärten Zeit – glauben noch immer gar nicht so wenige Menschen an die schädlichen Folgen gelegentlicher Selbstbefriedigung.

Dabei haben Sexualwissenschaftler längst bewiesen und immer wieder betont: Die Selbstbefriedigung – auch »Masturbieren«, »Onanieren« oder »Autoerotik« genannt – ist in keiner Weise schädlich. Vielmehr ist sie eine ausgezeichnete Möglichkeit, den eigenen Körper besser kennen zu lernen, Spannungen abzubauen und – das ist tatsächlich nachgewiesen – sexuell fit zu bleiben. Denn nur durch ständige Betätigung lässt sich ein Organ leistungsfähig und gesund erhalten, während Nichtgebrauch zwangsläufig zu seiner Rückbildung führt (man sieht das deutlich an den Muskeln nach der Abnahme eines Gipsverbandes).

Gesundheitlich bedenklich wird die Selbstbefriedigung allenfalls, wenn dazu komplizierte Apparaturen verwendet werden. Jahr für Jahr verletzen sich in Deutschland nicht wenige Männer an derartigen Geräten, und ebenso viele ersticken darin.

Senf

Senf macht dumm!

Woher diese Behauptung, stammt, ist unklar – möglicherweise steckt schlicht eine Namensverwechslung dahinter. Tatsache ist jedenfalls, dass auch heute noch Eltern ihre Kinder mit dieser plakativen Drohung davon abhalten, größere Mengen Senf zu verspeisen. Dabei ist der angebliche Verblödungseffekt der wohlschmeckenden Gewürzpaste vollkommener Unfug!

Das Missverständnis beruht möglicherweise auf der Erkenntnis, dass in Senf unterschiedliche Arten von Ölen enthalten sind und dass es tatsächlich so genannte cyanogene Senföle gibt, die einige Pflanzen als Abwehrsubstanzen gegen das Gefressenwerden bilden. Diese können sich im Körper eines Tieres in giftige Blausäure umwandeln, die durchaus in der Lage ist, das Gehirn zu schädigen, also »dumm« zu machen. Doch gerade diese cyanogenen Bestandteile sind in Senf, so wie wir ihn verwenden, überhaupt nicht enthalten. Und die anderen Senföle – die übrigens auch in Meerrettich, Kresse und Radieschen vorkommen – sind in der vorliegenden Konzentration absolut harmlos, ja, sogar eher gesundheitsfördernd, da sie die Verdauung anregen und sogar eine bakterienhemmende Wirkung haben.

Wem also Bockwürste und Rippchen besser schmecken, wenn er reichlich Senf darauf streicht, der sollte das getrost tun. Zwar wird er davon mit Sicherheit nicht klüger, aber dümmer wird er jedenfalls auch nicht.

111

Serviette

Eine Papierserviette legt man nach dem Essen auf den Teller!

Früher galt es durchaus als höflich, eine benützte Papier-serviette, nachdem man sich mit ihr gründlich den Mund abgewischt hatte, dezent gefaltet auf die Überreste der Mahlzeit zu platzieren, nahm man so doch dem Gastgeber oder Kellner die peinliche Pflicht ab, sie beim Abtragen mit den Händen berühren zu müssen. Heutzutage ist es jedoch weitaus sinnvoller, die Serviette nach dem Essen nicht mehr auf den Teller zu legen, wo sie sich mit Saft und So-ße voll saugt, sondern sie diskret daneben zu platzieren – die Pflicht zur Mülltrennung macht das erforderlich.

Sex

Verzichte vor dem Sport auf Sex, sonst hast du keine Chance!

Bereiten sich Sportler in einem Trainingslager auf einen Wettkampf vor, so tun sie das normalerweise getrennt von ihren Partnerinnen. Die Trainer befürchten, die Athleten könnten von ihren Freundinnen und Ehefrauen zu sehr in ihrer Konzentration gestört werden; vor allem aber haben sie Bedenken, sexuelle Betätigung – speziell in der Nacht vor dem Wettkampf – könnte ihnen die Kräfte rauben. Das aber ist schlicht Unsinn!
Studien an sportlich besonders leistungsfähigen amerika-nischen Männern und Frauen haben nämlich gezeigt, dass Geschlechtsverkehr unmittelbar vor einem Wettkampf die Fitness keineswegs beeinträchtigt, und zwar bei Männern ebensowenig wie bei Frauen. Als man bei den Probanden nach dem Sex Konzentrationsfähigkeit, Schnelligkeit und

Kraft, aber auch die körperliche Ausdauer testete, waren keinerlei Veränderungen zu den vor dem Versuch ermittelten Ausgangswerten zu erkennen. Wenn ein Sportler oder eine Sportlerin sich nach einer langen Liebesnacht müde und kraftlos fühlt, liegt es also offenbar nicht am Sex, sondern schlicht am fehlenden Schlaf.

Ein Trainer, der seinen Athleten vor dem Sport jegliche sexuelle Betätigung verbietet, erreicht demnach allenfalls, dass er sie besser kontrollieren kann; die Chancen auf einen Sieg erhöht er indes nicht.

Tausend Schuss, dann ist Schluss!

Ob ein-, zwei- oder dreitausend Schuss – die Behauptung, jeder Mann hätte im Leben nur eine begrenzte Zahl von Samenergüssen frei, wird seit Generationen von Vätern an ihre Söhne weitergegeben, kursiert in Stammtischgesprächen und anderen Männerrunden. Und viele Herren der Schöpfung glauben noch immer, sexuelle Exzesse oder häufige Selbstbefriedigung in jungen Jahren würden sich in fortgeschrittenem Alter durch frühzeitiges Nachlassen der Manneskraft rächen. Doch das ist ein Aberglaube finsterster Sorte!

Eher ist das Gegenteil der Fall: Je häufiger ein Mann ejakuliert – egal, ob beim Sex oder indem er masturbiert –, desto intensiver wird die Samenbildung in den Hoden angeregt. Insofern ähneln die männlichen Keimdrüsen durchaus den Muskeln oder anderen Organen wie Herz und Gehirn: Je intensiver man sie beansprucht, desto leistungsfähiger werden sie. Überfordert sind sie allenfalls ein bisschen, wenn ein Mann häufig kurz hintereinander Sex hat. Dann sinkt nicht nur die Anzahl der Spermien, sondern auch die Gesamtmenge des Ejakulats ein wenig ab. Doch schon nach wenigen Tagen hat sich dieser Zustand wieder normalisiert.

Sitzen

Sitz gerade!

Diese Ermahnung haben wir, wenn wir ehrlich sind, nahezu alle mehr oder weniger oft von unseren Eltern zu hören bekommen und geben sie, kaum sind wir selbst Vater oder Mutter, konsequent an unsere Kinder weiter: »Sitz gerade! Lümmel nicht auf deinem Stuhl herum! Mach nicht so einen Rundrücken!« Doch damit tun wir unseren Sprösslingen keinen Gefallen!

Das grundsätzliche Problem liegt nämlich darin, dass der Mensch für stundenlanges Sitzen auf einem Stuhl vom Körperbau her denkbar schlecht geeignet ist. Chronische Rückenschmerzen, in den modernen Industrienationen geradezu ein Volksleiden, sprechen eine deutliche Sprache. Forscher der Universität Ulm haben den Druck gemessen, dem die Bandscheiben bei verschiedenen Sitzpositionen ausgesetzt sind, und dabei festgestellt, dass neben der nach vorne gebeugten Haltung ausgerechnet die von vielen Rückenschulen empfohlene aufrechte Stellung den größten Druck aufbaut. Dagegen ist abgestütztes, lässiges Sitzen für die Wirbelsäule weit weniger belastend. Den geringsten Druck maßen die Wissenschaftler beim Zurücklehnen mit durchhängendem Rücken. Auch als sie die Probanden auf verschiedene Stühle – darunter angeblich besonders rückenfreundliche – setzten, änderte sich an den Ergebnissen der Messungen nichts Entscheidendes. Der Schluss, der sich daraus ziehen lässt, ist folgender: Weder krummes noch aufrechtes Sitzen ist auf Dauer empfehlenswert; aber wenn wir schon gezwungen sind, länger auf einem Stuhl auszuharren, dann sollten wir mehr »lümmeln«, das heißt, wir sollten unsere Sitzhaltung häufig ändern. Angehörige der Naturvölker machen es uns vor: Sie hocken auf allen möglichen Unterlagen und Schemeln, kauern, ziehen die Beine unter den Körper und strecken sie gleich darauf wieder weit von sich. Sie stützen sich mit beiden Händen nach hinten ab oder verschränken die Arme vor der Brust. Das Ergebnis: Rückenschmerzen sind bei ihnen kaum ein Thema.

Fazit: Es gibt keine gesunde und ungesunde Sitzhaltung. Dauernd aufrecht zu sitzen, ist für die Wirbelsäule ebenso ungünstig wie mit rundem Rücken dazuhocken. Wenn man schon längere Zeit sitzen muss, dann am besten »dynamisch«, das heißt mit häufigem Positionswechsel, mal vorgeneigt, mal kerzengerade, mal zurückgelehnt. Weitaus besser ist es jedoch, längeres Sitzen grundsätzlich zu vermeiden, zwischendurch also immer wieder mal aufzustehen, etwas herumzugehen oder – warum nicht? – ein paar gymnastische Übungen einzustreuen.

Sonne

Gehe nicht in die pralle Sonne, sonst bekommst du Krebs!

Dass Menschen, die gern stundenlang in der prallen Sonne liegen, besonders gefährdet sind, an Hautkrebs zu erkranken, ist ein scheinbar unerschöpfliches Thema sämtlicher Medien und mittlerweile allgemein bekannt. Vor allem das so genannte »maligne Melanom«, das sich oft aus einem Leberfleck entwickelt, wird in seiner Entstehung ganz eindeutig durch Sonnenlicht gefördert, aber auch weniger auffällige Hautkrebsformen kommen bei Sonnenhungrigen weitaus häufiger vor als bei schattenliebenden Menschen. Eine statistische Studie aus den USA ergab, dass pro Jahr etwa 3.000 Menschen mehr an Hautkrebs stürben, wenn die Sonne im ganzen Land genauso intensiv strahlte wie in Kalifornien. Daher die allgemein bekannte Verhaltensregel, unbedingt die pralle Sonne zu vermeiden und sich stattdessen besser im Schatten aufzuhalten. Doch diese Regel ist zumindest umstritten.

Denn weit bedeutender als die Krebs fördernde ist offenbar die Krebs verhindernde Wirkung des Sonnenlichts. In *Cancer*, dem Magazin der Amerikanischen Krebsgesellschaft, wurde eine Untersuchung veröffentlicht, nach der bei starker Sonneneinstrahlung den 3.000 zusätzlichen Hautkrebsopfern 30.000 weniger Todesfälle bei anderen Tumorformen – insbesondere Blasen-, Brust-, Darm- und Prostatakrebs – gegenüberstünden. Leiter der Studie war der Wissenschaftler William Grant aus Newport, der unzählige Daten von Krebserkrankungen aus den Jahren 1970 bis 1994 auswertete und dabei mit Hilfe statistischer Verfahren den Einfluss der UV-Strahlen der Sonne auf die einzelnen Krebsarten bestimmte.

Das Ergebnis deckt sich mit bereits früher geäußerten Vermutungen, wonach beispielsweise jede vierte Erkrankung an Brustkrebs nicht zuletzt auf einen Mangel an Sonnenlicht zurückzuführen ist. Dies ist insofern gar nicht so verwunderlich, als Sonnenbestrahlung im Körper die Bildung von Vitamin D aus einer unwirksamen Vorstufe fördert. Und Vitamin D schützt offenbar vor Brustkrebs. Gestützt wird diese Annahme durch eine neuere Untersuchung aus Kalifornien, die nachwies, dass im eher dunklen Norden der USA weitaus mehr Frauen an Brustkrebs sterben als im hellen Süden. Vor allem Frauen, die in einer bestimmten, sehr sonnenreichen Gegend geboren wurden oder dort seit mindestens 20 Jahren leben, leiden vergleichsweise selten an der heimtückischen Krankheit.

Aber auch auf eine typisch männliche Krebsform hat das Sonnenlicht einen äußerst positiven Effekt: auf den Prostatakrebs. Eine englische Studie ergab, dass das Risiko, an dieser besonders häufigen Geschwulstform zu erkranken, für Männer, die regelmäßig Urlaub in sonnigen Regionen machen, um sage und schreibe 60 Prozent geringer ist als für ihre Geschlechtsgenossen, die sich fast ausschließlich im düsteren England aufhalten. Allerdings gibt es auch unter den Daheimgebliebenen im Hinblick auf die Prostatakrebs-Gefahr erhebliche Unterschiede: Diejenigen, die sich häufig ein Sonnenbad gönnen, bekommen die Krankheit – wenn überhaupt – im statistischen Durchschnitt erst etliche Jahre später als ihre Schattenliebenden Geschlechtsgenossen.

Deshalb: Ruhig in die Sonne gehen und sich zum Schutz gegen die UV-Strahlen regelmäßig und gründlich mit Sonneschutz eincremen.

Wenn du einen Sonnenbrand vermeiden willst, bleibe im Schatten!

Immer wieder hört und liest man, nur bei direkter Sonnenbestrahlung sei es erforderlich, die Haut mit einer Schutzcreme einzureiben; wer konsequent im Schatten bleibe, könne darauf getrost verzichten, ohne einen Sonnenbrand befürchten zu müssen. Doch das ist schlicht falsch!

Egal, was den Schatten erzeugt – ob ein Baum, ein Sonnenschirm oder eine Wolke –, das Sonnenlicht gelangt in jedem Fall auch in den nicht direkt bestrahlten Bereich (sonst wäre es dort ja vollkommen dunkel). Im Fall des Baumes und des Sonnenschirms sorgt dafür die Luft, deren Teilchen das Licht streuen, im Fall der Wolke die Tatsache, dass diese von ultravioletten Strahlen mühelos durchdrungen wird. Diese sind daher auch in nicht direkt beschienenen Zonen vorhanden und wirksam. Ja, selbst manche Kleidungsstücke lassen die Strahlen zum Teil durch, sodass bei entsprechend intensiver Strahlung auch darunter verborgene Körperpartien nicht vollkommen gegen einen Sonnenbrand gefeit sind. Hinzu kommt die bisweilen erhebliche Reflexion der Strahlen: Sandstrände und Wasser werfen einen großen Teil davon auch in beschattete Bereiche zurück. Wie viel das im Einzelnen ist, lässt sich schwer sagen, man kann jedoch davon ausgehen, dass im Schatten eines am Meer aufgestellten Sonnenschirms immer noch ein Viertel bis zur Hälfte der Strahlung wirksam ist. Der Schirm schützt die Haut also gerade mal so effektiv vor einem Sonnenbrand wie ein Öl oder eine Creme mit dem Lichtschutzfaktor 2 bis 4, und ein solcher Schutz ist vor allem in den ersten Urlaubstagen am Strand alles andere als ausreichend.

Spargel

Spargel schneidet man nicht!

Es gibt tatsächlich Leute, die es auch heute noch für unfein halten, Spargel mit Messer und Gabel zu verzehren. Sie halten einzig und allein die Methode, die Stangen unzerkleinert mit den Fingern der Länge nach in den Mund zu schieben, für korrekt. Derartige Zeitgenossen erkennt man daran, dass sie zu einem Spargelgericht ein Schälchen mit warmem Wasser und einer Zitronenscheibe reichen, mit deren Hilfe man sich zwischendurch die Finger reinigen kann. Und gemäßigtere Gourmets erkennen zwar den Gebrauch eines Bestecks beim Transport des Spargels in den Mund an oder propagieren die Methode, kombiniert mit den Fingern und einer nachschiebenden Gabel zu arbeiten, schlagen jedoch die Hände über dem Kopf zusammen, wenn sie jemanden dabei erblicken, wie er die Stangen zuvor in handliche kleine Stücke zerschneidet. Dabei ist das heutzutage durchaus erlaubt!

Die Sitte, Spargel mit den Fingern zu essen, stammt nämlich aus einer Zeit, in der man noch einfache Messer verwendete, die beim Kontakt mit dem Gemüsesaft sofort zu rosten begannen. Da dieses Rosten und eine eventuell dadurch bedingte Geschmacksbeeinflussung bei den heutigen Bestecken absolut nicht mehr zu befürchten ist, bestehen auch keine Bedenken, den Spargel ganz normal mit Messer und Gabel zu verspeisen und ihn dabei selbstverständ-

lich – auch zu feierlichen Anlässen – in Stücke zu zerschneiden, wie man das mit anderen Gemüsearten ja auch
ohne jegliche Hemmungen tut.

Spinat

Spinat darf man nicht aufwärmen!

Unzählige Hausfrauen zucken bei der bloßen Vorstellung,
den nach einer Mahlzeit übrig gebliebenen Spinat aufzubewahren und am nächsten Tag aufgewärmt noch einmal
auf den Tisch zu bringen, vor Schreck zusammen. Zu fest
hat sich in ihren Köpfen die einstmals eiserne Regel fest-
gesetzt: Spinat darf man unter gar keinen Umständen ein
zweites Mal erhitzen! Doch diese Regel ist falsch oder zumindest überholt!
Sie beruht auf dem im Spinat vergleichsweise reichlich enthaltenen Nitrat, einem im Grunde vollkommen harmlosen
Pflanzennährstoff, der jedoch von Kleinstlebewesen in Ni-
trit umgewandelt wird. Dieses ist deshalb gesundheitsschädlich, weil es sich zum einen mit Aminen zu Krebs för-
dernden Nitrosaminen verbinden kann und zum anderen –
allerdings nur bei Säuglingen – den Sauerstofftransport des
Blutes durch Schädigung des roten Blutfarbstoffes beeinträchtigt. Die Nitrat-Nitrit-Umwandlung geschieht aber um
so schneller, je wärmer der bei einer Mahlzeit übrig geblie-
bene Spinat gelagert wird. Bereits bei Zimmertemperatur
sind die Mikroorganismen außerordentlich aktiv, und es
dauert nicht lang, bis die Spinatreste »verdorben« und
nicht mehr zum Essen geeignet sind.
Bei rascher Abkühlung und kalter Lagerung geht der Prozess jedoch sehr langsam vonstatten, sodass man eine
gleich nach dem ersten Verzehr in den Kühlschrank ge-
stellte und dort aufbewahrte Spinatmahlzeit am nächsten
Tag getrost wieder aufwärmen und noch einmal genießen

kann. Das Aufwärmen selbst hat auf den Nitratgehalt übrigens keinerlei Einfluss.

Strom

Leuchtstoffröhren darf man nicht ständig ein- und ausschalten, sonst verbrauchen sie zu viel Strom und halten weniger lange!

Die Behauptung, Leuchtstoffröhren – früher sprach man von »Neon-Röhren« – wären nur dort sinnvoll und Energie sparend, wo andauernd Licht brenne, ist uralt, aber auch heute noch allenthalben zu hören oder zu lesen. Doch auch durch ständige Wiederholung wird sie nicht richtiger.

Zwar trifft es zu, dass die Röhre für die Erzeugung des Zündfunkens eine hohe Stromleistung benötigt, doch dieser Vorgang dauert gerade mal einige Zehntel-, im besten Fall sogar nur Hundertstelsekunden. Schon eine einzige Sekunde, in der die Leuchte nicht brennt, gleicht die beim Wiedereinschalten aufgewandte Zusatzenergie mehr als aus. Daher gilt im Hinblick auf den Stromverbrauch uneingeschränkt, dass derjenige am meisten spart, der die Leuchtstoffröhre – genau wie jede Glühbirne – konsequent ausschaltet, sobald er kein Licht mehr benötigt.

Was die Lebensdauer der Röhre angeht, so ist es tatsächlich wahr, dass jedes Ein- und Ausschalten den Starter ein wenig strapaziert, doch die dadurch bedingte Abnützung muss immer in Bezug auf die Gesamtbetriebsdauer gesehen werden. Deren Verkürzung durch häufige Schaltvorgänge ist nämlich allemal geringer als die Verlängerung durch oftmaliges Nicht-brennen-Lassen, oder, um es anders auszudrücken: Wenn die Röhre eine Stunde täglich weniger brennt, nützt das ihrer Gesamthaltbarkeit weit mehr, als ihr das wiederholte Aus- und Einschalten schadet. Die Lebensdauer qualitativ guter Lampen – mit elek-

tronischem Vorschaltgerät und Warmstart –, die jede Vier-
telstunde für fünf Minuten aus- und kurz darauf wieder eingeschaltet werden, liegt nach Angaben des Elektroriesen
Philips bei sage und schreibe 12 000 Stunden!
Fazit: Leuchtstoffröhren bei Nichtgebrauch auszuschalten,
entlastet den Geldbeutel auf jeden Fall!

Tiefgefrorenes

Tiefgefrorenes darf man nach dem Auftauen auf keinen Fall wieder einfrieren!

Es steht EU-weit auf jeder Tiefkühlpackung: Eingefrorene
Nahrungsmittel dürfen nach dem Auftauen nicht in den Ge-
frierschrank zurückgegeben werden! Und überall halten
sich die Hausfrauen an dieses Gebot und werfen den über-
zähligen Inhalt der Tiefkühlpackung lieber weg – aus Angst,
zum zweiten Mal Aufgetautes könne verdorben oder gar
giftig sein. Das aber ist absolut nicht der Fall, und der zitierte Hinweis – darauf weist die Zeitschrift Test in ihrer
Juli-Ausgabe 1999 ausdrücklich hin – ist nur als Vorsichtsmaßnahme zu verstehen.
Tatsache ist nämlich, dass Nahrungsmittel durch das Einfrieren nicht »besser« werden: Schädliche Mikroorganismen, die sich darauf angesiedelt haben, werden beim Fros-
ten – anders als beim Kochen – nicht abgetötet, sondern
fallen in eine Art Winterschlaf, aus dem sie beim Auftauen
sofort wieder erwachen, um ihre zerstörerische Tätigkeit
fortzusetzen. Das Verderben der Lebensmittel wird durch
das Tiefkühlen also nur unterbrochen, nicht aber dauerhaft gestoppt. Oder anders ausgedrückt: Nach dem Auftauen ist ein Nahrungsmittel im selben hygienischen Zustand wie vor dem Einfrieren. War es zu diesem Zeitpunkt
schon nicht mehr in Ordnung, weist sichtbare Schäden auf
oder riecht nicht mehr einwandfrei, dann sollte es auch

nicht mehr eingefroren werden. Andererseits kann man selbst rohes Fleisch, sofern es in einwandfreiem Zustand ist, nach dem Auftauen bedenkenlos wieder einfrieren. Das ist allemal besser, als es aufgetaut noch zwei Tage im Kühlschrank stehen zu lassen, um es dann endlich zu braten – und auch besser, als es wegzuwerfen.

Oder, wie es der AID-Verbraucherdienst formuliert: »Das Wiedereinfrieren ist immer dann unbedenklich, wenn die Frage ›Könnte das Nahrungsmittel jetzt zubereitet oder verzehrt werden?‹ mit einem uneingeschränkten Ja beantwortet werden könnte.«

Treppe

Der Herr geht vor der Dame die Treppe hinauf!

Die Regel, wonach ein Mann – obwohl er ihr sonst höflicherweise den Vortritt lassen sollte – keinesfalls hinter einer Frau eine Treppe hinaufsteigen darf, weil er ihr sonst vielleicht unter den Rock sehen oder zumindest einen unziemlichen Blick auf ihre Beine werfen könnte, ist überholt. Heute gilt, dass die körperlich stärkere Person – und das ist nun einmal in der Regel der Mann – hinter der schwächeren bleibt. So kann er sie im Fall eines Sturzes auffangen und schlimme Verletzungen verhindern. Allenfalls wenn die Frau einen sehr kurzen Rock trägt, mag es, um Zweifel an den lauteren Absichten des Mannes von vorn herein zu unterbinden, erlaubt oder gar angebracht sein, vor ihr eine Treppe hinaufzusteigen und ihr damit die Folgen eines möglichen Sturzes allein aufzubürden.

Überfall

Wenn eine Frau von einem Mann angegiffen wird, soll sie ihm in den Unterleib treten.

Dass die männlichen Hoden äußerst empfindlich sind und mit überaus heftigen Schmerzen auf den leisesten Stoß reagieren, ist den meisten Frauen zwar grundsätzlich bekannt, dennoch können sie sich das Ausmaß der Qual, das ein Tritt in den Unterleib bei einem Mann auslöst, kaum vorstellen. Und da auch ein Hüne hilflos zusammenknickt, wenn er zielgenau an seiner empfindlichsten Stelle getroffen wird, gilt der so genannte »Knie-Hoden-Stoß« – umgangssprachlich wird er wesentlich bildhafter bezeichnet – als höchst wirksames Mittel zur Abwehr eines körperlich überlegenen Angreifers. Aber ein Tritt in den Unterleib eines Mannes ist für eine Frau trotzdem keinesfalls die wirkungsvollste Abwehrmaßnahme.

Denn ein Unhold, der eine Frau überfällt, um sie zu berauben oder gar zu vergewaltigen, weiß über seine Schwachstelle natürlich ebenfalls bestens Bescheid und wird sich hüten, einer Dame seinen Unterleib so darzubieten, dass diese nur noch ihr Knie hineinzurammen braucht. Vielmehr wird er sie von hinten umfassen und alles daran setzen, ihren Widerstand gewaltsam zu brechen, bevor er sich über sie hermacht. Und weil er kaum an einem Ort lauern wird, wo die Chancen, auf ein Opfer zu stoßen, außerordentlich gering sind, passieren die meisten Überfälle nicht etwa irgendwo im finsteren Wald weitab jeder menschlichen Ansiedelung, sondern in Stadtparks oder Grünanlagen in unmittelbarer Nähe von Häusern und Wohnungen. Deshalb sollte eine Frau, die von einem Mann angegriffen wird, keinesfalls auf die vage Chance warten, ihn mit einem gezielten Tritt kampfunfähig zu machen oder ihm vielleicht die Finger in die Augen zu stoßen, sondern vor allem eines tun: so laut sie kann schreien! Aus vollem Hals schreien, kreischen, brüllen! Und dazu um sich schlagen, kratzen und beißen wie ein Hund. Denn ängstliches Verhalten, aus Furcht, lautes Geschrei könne den Angreifer vielleicht erst zu einer Gewalttat zwingen, wirkt nach polizeilichen Erkenntnissen auf die meisten Sextriebtäter eher anziehend und ermutigend, anstatt sie von ihrem Vorhaben abzubringen.

Wie sehr aggressives Auftreten verhindern kann, dass Frauen zu Opfern von Triebtätern werden, haben entsprechende Untersuchungen gezeigt: In 70 Prozent der Überfälle konnten die betroffenen Damen durch kräftiges Um-sich-Schlagen und Brüllen aus Leibeskräften eine Vergewaltigung verhindern, in anderen Fällen sexueller Übergriffe ließen dadurch sogar 95 Prozent der Täter von ihrem Opfer ab.

Verdauung

Einmal täglich Stuhlgang muss sein!

Dieser Satz drückt eine bei vielen Menschen derart fest verwurzelte Überzeugung aus, dass alle modernen Erkenntnisse der Verdauungsphysiologie dagegen keine Chance haben. Lieber gehen viele Menschen jede Stunde auf die Toilette und versuchen krampfhaft, ihren Darm zu entleeren, als dass sie der Erkenntnis Glauben schenken, täglicher Stuhlgang sei keinesfalls vonnöten.

Denn von einer Verstopfung sprechen Mediziner erst, wenn ein Mensch regelmäßig weniger als dreimal pro Woche Stuhlgang hat. Hinzu kommt das persönliche Wohlbefinden: Wer relativ selten »aufs Klo« kann, dabei jedoch weder unter quälendem Völlegefühl noch unter ständigen Blähungen leidet, braucht sich wegen seiner Verdauung keine Sorgen zu machen. Absoluter Nonsens ist jedenfalls die Behauptung, ohne täglichen Stuhlgang blieben im Körper

Schlacken und Abfallstoffe zurück, die zu einer »Selbst-vergiftung« führen könnten.

Fakt ist, dass Menschen, die sich Tag für Tag auf der Toilette abquälen, um nur ja siebenmal pro Woche Stuhlgang zu haben, einer Verstopfung durch ihr Verhalten oft erst Vorschub leisten. Diese ist nämlich vielfach zu einem Großteil psychisch bedingt. Etwas mehr Gelassenheit kann in derartigen Fällen Wunder wirken.

Vögel

Frei lebende Vögel darf man im Winter nicht füttern!

Während so mancher Tierfreund fest davon überzeugt ist, die bei uns lebenden Vögel würden im Winter Hunger leiden und müssten deshalb unbedingt gefüttert werden, hört man andererseits oft die Behauptung, das sei ganz falsch, damit würde man den Piepmätzen weitaus mehr schaden als nutzen. Das ist jedoch nicht richtig!

Sicher, namhafte Vogelschützer weisen darauf hin, die heimischen Vögel kämen auch ohne unsere Unterstützung ganz gut durch den Winter, und die Tatsache, dass einige die kalte und harte Jahreszeit nicht überleben, sei völlig normal und trage zu einer natürlichen Auslese der kranken und schwachen Individuen bei, sodass sich nur die starken vermehrten. Doch andererseits betonen sie auch, dass es den Vögeln nicht schadet, wenn man sie in Notzeiten – aber bitte nur dann! – maßvoll füttert. Vor allem bei Eisregen oder geschlossener Schneedecke sollte man das tun, und zwar am besten zweimal täglich: morgens, bevor es hell wird, und dann noch einmal kurz vor der Dämmerung. So hilft man unseren gefiederten Freunden, den schlimmsten morgendlichen Hunger zu stillen, und unterstützt sie obendrein bei der Vorsorge für die lange Nacht.

Tagsüber ist es allemal besser, wenn sie selbst auf Nahrungssuche gehen. Wichtig ist in jedem Fall, dass man nur geeignetes Futter und nicht etwa eigene Essensreste verwendet, und vor allem, dass man darauf achtet, dass das Futter in den – für Katzen unerreichbaren! – Häuschen gut geschützt ist.

Eines steht jedenfalls fest: Auch wenn frei lebende Vögel auf unser Futter nicht angewiesen sind, wissen sie es zu schätzen und kommen gern herangeflattert, sodass wir sie so gut beobachten können wie das ganze übrige Jahr nicht. Und wer die Vögel erst einmal auseinander halten kann und sich zu diesem Zweck vielleicht intensiver mit ihrem Aussehen und ihren Lebensgewohnheiten beschäftigt, der wird sich langfristig auch für die Erhaltung ihrer natürlichen Lebensräume einsetzen und ihnen damit den allergrößten Dienst erweisen.

Waldbeeren

Iss Waldbeeren nie roh, du könntest die Fuchsbandwurm-Krankheit bekommen!

Zweifellos ist die Fuchsbandwurm-Krankheit – medizinisch korrekt »Echinokokkose« genannt – ein sehr schweres Leiden, das in der menschlichen Leber geschwulstartige Veränderungen hervorruft, die letztendlich zum Tod führen können. Verursacher ist der Fuchs, der die winzigen Eier mit seinem Kot absetzt, von wo sie mit dem Wind angeblich leicht auf Pilze und Waldbeeren gelangen. Deshalb haben viele Beerensammler Bedenken, die Früchte roh zu essen. Doch diese Furcht ist praktisch unbegründet.

Dazu Professor Bruno Gottstein, Direktor des Instituts für Parasitologie an der Universität Bern: »Waldbeeren sind kaum relevant für eine Ansteckung. Viel wichtiger als Überträger sind der eigene Hund oder die eigene Katze.« Und

Professor Hans-Dieter Nothdurft von der Abteilung für Infektions- und Tropenmedizin der Universität München ergänzt: »Es ist wahrscheinlicher, dass Ihnen ein Ziegelstein auf den Kopf fällt, als dass Sie durch den Verzehr von Waldbeeren eine Echinokokkose bekommen.«

Immerhin ist die Anzahl der Füchse seit dem massiven Rückgang der Tollwut in Deutschland auf fast das Fünffache gestiegen, und dennoch erkranken Jahr für Jahr gleichbleibend nur etwa 50 bis 100 Menschen an der Echinokokkose. Das dürfte vor allem an der geringen Ansteckungsgefahr liegen. Zwar weiß man nicht genau, auf welchem Weg sich Betroffene mit dem Fuchsbandwurm – für den der Mensch einen so genannten Fehlzwischenwirt darstellt – infizieren, es steht jedoch so gut wie fest, dass Waldbeeren und Pilze dabei praktisch keine Rolle spielen. Eher ist zu befürchten, dass die Ansteckung über Staub aus getrocknetem Fuchskot erfolgt. Und vor allem über den eigenen Hund oder die Katze, die vielleicht eine infizierte Maus gefressen haben, dabei als regulärer Endwirt nicht erkennbar erkranken, aber dennoch massenhaft Fuchsbandwurmeier ausscheiden. Diese hängen sich zum Teil im Fell fest und können beim Streicheln ohne weiteres auf die menschliche Hand übergehen, von wo sie unter Umständen mit einer unbewussten Bewegung in den Mund gelangen. Es ist daher erheblich sinnvoller, sich nach dem Spiel mit Hund oder Katze gründlich die Hände zu waschen als auf das Vergnügen zu verzichten, Brombeeren und andere wohlschmeckende Waldfrüchte frisch gepflückt zu genießen.

Wasser

Trinke auf keinen Fall destilliertes Wasser, du könntest daran sterben!

Destilliertes Wasser enthält keine gelösten Salze. Deshalb – so liest und hört man immer wieder – dürfe man es keinesfalls trinken, anderenfalls drohten schwerste Gesundheitsschäden oder gar der Tod. Als wissenschaftliche Begründung für diese These wird die Osmose angeführt, die auf der grundsätzlichen Tatsache beruht, dass zwischen zwei Flüssigkeiten mit unterschiedlichem Gehalt gelöster Stoffe das Bestreben zum Konzentrationsausgleich besteht. Sind diese Flüssigkeiten durch eine Membran getrennt, durch die zwar winzige Wasserteilchen, nicht aber darin gelöste, vergleichsweise sehr große Moleküle hindurchpassen, so strömt immer mehr Wasser durch die Membran in die konzentrierte Lösung hinein, wodurch in dieser der Druck so lange ansteigen kann, bis die trennende Membran schließlich platzt. Eine solche Membran stellen nämlich auch die Wände der Körperzellen dar. Werden diese von destilliertem Wasser umspült, so saugen sie es im Bestreben um einen Konzentrationsausgleich in sich hinein, bis sie immer praller werden und schließlich bersten. Folge: Der betroffene Mensch geht elend zu Grunde!

So weit die Theorie, die für uns Menschen im Hinblick auf destilliertes Wasser jedoch bedeutungslos ist. Denn das Wasser, das wir trinken – egal, ob destilliert oder nicht – wird bereits im Magen mit anderen Nahrungsmitteln und säurehaltigem Magensaft vermischt, sodass es keine einzige Körperzelle salzfrei erreicht und dort irgendwelche Schäden anrichten kann. Mittlerweile gibt es sogar schon Organisationen – vor allem die amerikanische »Fit-for-Life«-Bewegung –, die die Verwendung destillierten Wassers ausdrücklich empfehlen. Das Wasser sei reiner, argumentieren sie, und enthalte unter anderem kein Kalzium, das maßgeblich an der gefürchteten Arterienverkalkung beteiligt sei. Aus medizinischer Sicht ist diese Sicht der Dinge jedoch sehr einseitig, da bei ständiger Benützung destillierten Wassers langfristig die Gefahr besteht, zu wenige Mineralstoffe zu sich zu nehmen. Das sieht auch die »Deutsche Gesellschaft für Ernährung« so, die – im Einklang mit zahlreichen Wissenschaftlern – warnt: »Die ausschließliche Verwendung destillierten Wassers kann bei einer einseitigen Ernährung zu einer Verarmung des Körpers mit Elektrolyten führen.«

Ob diese Befürchtung berechtigt ist oder nicht – immerhin nimmt der Körper weitaus die meisten Mineralstoffe mit der festen Nahrung auf –, mag dahingestellt sein, Tatsache ist jedenfalls, dass derjenige, der seinen Tee oder Kaffee aus Geschmacksgründen gern mit destilliertem Wasser aufbrüht oder auch sonst hin und wieder ein Gläschen davon zu sich nimmt, sich keinerlei Sorgen um seine Gesundheit zu machen braucht.

Wein

Hellen Wein trinkt man zu hellem und dunklen Wein zu dunklem Fleisch!

Diese Regel ist eine der ältesten, die es zum Thema Essen und Trinken gibt. Sie hat nur einen Nachteil: Sie stammt aus einer Zeit, in der es weit weniger und vor allem nicht so unterschiedliche Weine gab wie heute und in der im Hinblick auf kulinarische Genüsse erheblich strengere Vorschriften galten. Erlaubt war, was durch entsprechende Vorschriften abgesichert war, alles andere galt bei Genießern als verpönt.

Zugegeben, die Empfehlung, zu Fisch lieber Weiß- als Rotwein zu trinken, hat durchaus eine gewisse Berechtigung, da Rotwein mit seinem hohen Anteil an Gerbsäure vor allem Weißfisch und Krustentieren bisweilen einen leicht metallischen Beigeschmack verleiht. Hinzu kommt, dass Fisch oft mit Zitrone angerichtet wird, deren Säure in der Regel im Weißwein einen besseren Partner findet.

Tatsache ist jedoch, dass die Regel »Heller Wein zu hellem und dunkler Wein zu dunklem Fleisch« heutzutage nur noch eine sehr geringe Bedeutung hat und allenfalls als grobe Richtschnur bei der Weinauswahl zu einem feierlichen Mahl dienen kann. So, wie moderne Spitzenköche aus den verschiedensten Zutaten hemmungslos Kombinationen kreieren, bei deren Anblick sich unseren Großeltern der Magen zusammengekrampft hätte, so hält man es auch mit der Getränke- und speziell mit der Weinauswahl nicht mehr so streng: Erlaubt ist, was schmeckt. Namhafte Gastronomen und berühmte Sommeliers erkennen inzwischen an, dass die kulinarischen Vorlieben der Menschen unterschiedlich sind und dass das, was dem einen vorzüglich mundet, dem anderen als nahezu ungenießbar erscheint. Wer daher zu hellem Fisch gern einen leichten Rotwein trinkt, der sollte das ebenso bedenkenlos tun wie ein anderer, dem zu Hirschbraten am besten ein kräftiger Weißwein mundet. Was zählt, ist einzig und allein der persönliche Geschmack. Der sorgt bei einem Gourmet ganz von selbst dafür, dass er einen Wein wählt, der das Aroma einer Speise unterstreicht und sich harmonisch mit ihm verbindet, dass er zu Süßigkeiten keinen knochentrockenen und zu einem saftigen Steak nicht einen ausgesprochen süßen Tropfen wählt.

Rotwein trinkt man zimmerwarm!

Diese bekannte Regel stammt aus einer Zeit, in der die meisten Zimmer noch über keine Zentralheizung verfügten und dazu noch weniger gut isoliert waren als heute. Mit etwa 18 bis maximal 20 °C waren sie daher relativ kühl. Und

18 bis 20 °C ist exakt der Temperaturbereich, bei der ein kräftiger Rotwein nach Meinung von Experten am besten schmeckt. Ein leichterer darf sogar getrost noch zwei bis drei Grad kälter sein. Bei 22 °C und mehr – der Durchschnittstemperatur der heutigen Zimmer – verliert dagegen auch der schwerste Rotwein erheblich an Frucht und Finesse.

Allerdings sollte man es mit dem Kühl-Trinken auch nicht übertreiben, da zu niedrige Temperaturen die Geruchs- und Geschmacksentwicklung des Weines erheblich beeinträchtigen.

Wunde

Bevor du eine Wunde verbindest, wasche sie gründlich aus!

Man liest es sogar in Gesundheitstipps von Apothekenzeitschriften oder Illustrierten: Eine frische Wunde soll man vor dem Verbinden gründlich auswaschen, um Schmutz und Keime aus ihr zu entfernen. Das aber ist – mit Ausnahme von Bisswunden – falsch!

Denn das Risiko, mit dem Wasser schädliche Mikroorganismen aus der Wundumgebung in tiefere Gewebsschichten zu spülen, ist viel zu groß. Lediglich bei Verbrennungen, bei denen es um intensive Kühlung geht, und bei Verätzungen, wenn es gilt, schädigende Chemikalien rasch aus der Wunde zu spülen, ist die Behandlung mit Wasser angebracht. Ansonsten sollte man eine größere Wunde – auch wenn diese scheinbar verschmutzt ist – nur möglichst steril abdecken und den Betroffenen umgehend zum Arzt bringen. Weder sollte man die Verletzung mit den Händen berühren noch ohne ärztliche Anweisung mit Puder, Salben, Sprays oder Desinfektionsmitteln behandeln. Auch in die Wunde eingedrungene Fremdkörper soll man nicht eigenmächtig entfernen, weil dabei neben der Gefahr der Verunreinigung auch das Risiko besteht, eine massive Blutung auszulösen.

Wut

Wenn du zornig bist, lass Dampf ab!

Frust und Ärger »herauszulassen« anstatt ihn in sich »hineinzufressen«, gilt seit langem als die weit bessere, weil der Gesundheit zuträglichere Methode, mit der eigenen Wut umzugehen. Wer sich selbst zur Ruhe zwingt, obwohl es in ihm kocht und brodelt, tut sich demnach nichts Gutes, sondern beeinträchtigt auf Dauer seine Psyche und damit auch seinen Körper. Doch diese Auffassung stammt aus einer Zeit, als man noch dachte, heftige Wut würde sich im Körper, vor allem im Gehirn, gleichsam aufstauen, sodass die Gefahr bestünde, »vor Zorn zu platzen«. Und das ist nach neueren wissenschaftlichen Erkenntnissen schlicht falsch! Es gibt nämlich nicht eine einzige ernsthafte psychologische Studie, die Beweise für einen positiven Effekt eines derartigen »Sicherheitsventils« erbracht hat. Vielmehr ist es so, dass jähzornige Menschen sich vor allem selbst, genauer gesagt, ihrem Herzen schaden. Nach neueren Erkenntnissen von Wissenschaftlern der amerikanischen John-Hopkins-Universität, die über viele Jahre hinweg die Zusammenhänge zwischen Ärger, Stress und Herzerkrankungen erforscht haben, gehen Menschen, die sich bei jeder Gelegenheit maßlos aufregen, ein dreimal höheres Risiko ein, eine Herzattacke zu erleiden, als gelassenere Zeitgenossen. Und in der Lebensmitte, also um die 50 herum, werden Hitzköpfe sogar fünfmal so oft von schweren Herzerkrankungen betroffen wie ruhigere Menschen.

Bestätigt wird diese Auffassung von Forschern des Zentrums für Krankheitsvorsorge in Atlanta, die im amerikanischen Fachblatt *Stroke* berichten, dass vor allem Menschen unter 60, die über reichlich »gutes« – Schlaganfällen vorbeugendes – HDL-Cholesterin verfügen, durch heftige Zornausbrüche ihre körperliche Verfassung ruinieren und das Risiko, einen Gehirnschlag zu erleiden, um das Dreifache erhöhen. Die Wissenschaftler vermuten, dass der hohe Blutdruck leicht aufbrausender Menschen möglicherweise den Kreislauf belastet und dass bei ihnen das Blut unter der Einwirkung stressbedingter Signalstoffe eher verklumpt.

Hinzu kommt, dass sich bestimmte Verhaltensmuster nach aktuellen neurobiologischen Erkenntnissen gewissermaßen im Gehirn »eingraben«, indem sie dazu führen, dass Schaltbahnen zwischen Gehirnzellen oder -bereichen dichter und damit intensiver werden, was dazu führt, dass ähnliche Anlässe in Zukunft gleichsam vollautomatisch ähnliche Reaktionen bedingen. Derjenige, der dazu neigt, sich unnötig aufzuregen, nach einem unerfreulichen Telefongespräch den Hörer auf die Gabel zu knallen oder bei einer Auseinandersetzung mit dem Partner die Türen zuzuwerfen, tut sich damit nichts Gutes. Vielmehr treiben Wutanfälle den Betroffenen nur noch tiefer in seinen Zorn hinein, und Tränen verstärken die Traurigkeit nur unnötig.

Besser als – wie einstmals das HB-Männchen – »in die Luft zu gehen«, ist es demnach, ruhig Blut zu bewahren und gegebenenfalls ein Anti-Stress-Programm zu absolvieren.

Zähne

Wenn du weiße Zähne haben willst, musst du sie dir oft putzen!

Die Werbung behauptet es steif und fest: Diese und jene Zahnpasta macht die Zähne bei regelmäßiger Anwendung strahlend weiß. Das aber ist gleich in zweierlei Hinsicht purer Unsinn!

Denn zum einen gibt es überhaupt keine weißen Zähne. Selbst auffallend helle Beißwerkzeuge, wie sie manchen jungen Menschen zu Eigen sind, sind von reinem Weiß weit entfernt. Und zum anderen kann man die Zahnfarbe, die normalerweise mit fortschreitendem Alter dunkler und bräunlicher wird, durch Putzen überhaupt nicht beeinflussen. Allenfalls lassen sich Verfärbungen – beispielsweise Raucherbeläge oder Farbstoffe aus Tee, Kaffee und Medikamenten – beseitigen, wodurch die Zähne natürlich heller wirken. So wie dunkle Haare durch Waschen nur sauber, aber nicht blond werden, so kann man eben auch Zähne nur sauber, aber nicht weißer putzen.

Das einzig wirksame Verfahren der Zahnaufhellung arbeitet mit Oxidationsmitteln, die man unter Verwendung eines individuell angefertigten Kunststoff-Formteils nachts auf die Zähne einwirken lässt. Dies sollte jedoch wegen der möglichen Nebenwirkungen nur unter zahnärztlicher Aufsicht geschehen.

Putz dir morgens und abends drei Minuten lang die Zähne!

Jeder kennt sie: die kleinen Sanduhren, die man vor dem Zähneputzen umdreht, damit sie die dazu benötigte Zeit, nämlich drei Minuten, anzeigen und denjenigen, der sich das Gebiss schrubbt, mahnen, ja nicht zu früh aufzuhören. Dabei ist das mit den drei Minuten so eine Sache!

Denn das ist allenfalls die Zeit, die man benötigt, um ein komplettes Gebiss belagfrei zu bekommen, woraus man jedoch keinesfalls den Umkehrschluss ziehen darf, dass nach dreiminütigem Zähneputzen alles in Ordnung ist. Denn weit mehr als auf die Zeit kommt es auf die Technik und – das ist das Wichtigste! – auf die Systematik an. Wer drei Minuten oder gar noch länger Kau- und Außenflächen der Zähne putzt und die Innenseiten vernachlässigt, hat danach eben noch lange kein sauberes Gebiss. Flächen, die die Zahnbürste nicht berührt, werden nun einmal nicht geputzt.

Man muss die Regel also umformulieren: Jeder einzelne Zahn muss außen, innen und auf der Kaufläche geputzt werden, und das dauert bei einem kompletten Gebiss etwa drei Minuten! Oder, um es noch anders auszudrücken: Wer sich zum Zähneputzen weniger als drei Minuten Zeit nimmt, kann danach kein belagfreies Gebiss haben; die Zeitspanne allein sagt jedoch über den Erfolg der Maßnahme überhaupt nichts aus.

Zecken

Trage im Wald immer eine Kopfbedeckung, dann können dir Zecken nichts anhaben!

Dass Jäger einen Hut tragen, ist allgemein bekannt. Viele Nichtwaidmänner denken jedoch, sie täten das, um sich im Wald vor Zecken zu schützen. Doch das ist falsch!
Denn entgegen weit verbreiteter Meinung lassen sich die lästigen Spinnentiere keinesfalls aus luftiger Höhe auf Personen fallen, die zufällig unter ihnen vorbeigehen. Vielmehr benötigen sie direkten Körperkontakt, um auf ein Wirtstier – in diesem Fall den Menschen – zu gelangen. Deshalb warten sie nicht auf Bäumen, sondern in Gras, Unterholz und Büschen auf Warmblüter, um sich von ihnen im Vorbeigehen gewissermaßen »abstreifen« zu lassen. Erst wenn sie auf diese Weise ein Opfer gefunden haben, klettern sie auf diesem in die Höhe. Für denjenigen, der sich vor Zecken schützen will – und daran sollte eigentlich jedem gelegen sein –, ist eine Kopfbedeckung daher nahezu überflüssig. Weitaus mehr sollte er beim Umherstreifen in Wald und Flur auf geschlossene Schuhe, lange Hosen und Ärmel achten und diese, wenn er für die Blutsauger be-

sonders empfänglich ist, zusätzlich mit Insektenabwehr-
mitteln – auf die auch Spinnentiere reagieren – besprühen.

Willst du eine Zecke entfernen, träufle Öl darauf!

Immer wieder hört und liest man, eine Zecke, die sich einmal festgebissen habe, lasse sofort von ihrem Opfer ab,
wenn man sie mit Öl, Nagellack oder Klebstoff zudecke,
weil sie dann keine Luft mehr bekäme. Anschließend solle
man sie herausdrehen, um so zu verhindern, dass die
Mundwerkzeuge in der Bissstelle verblieben. Doch beide
Empfehlungen – das Beträufeln ebenso wie das Herausdrehen – sind überholt!
Denn eine Zecke, die man mit Lack oder Öl zukleistert, gerät – das haben Untersuchungen einwandfrei erwiesen – in
derartigen Stress, dass sie nun erst recht Speichel in die
Bisswunde abgibt, wodurch für ihr Opfer die Gefahr, sich
mit Bakterien oder Viren zu infizieren, verständlicherweise
massiv ansteigt.
Und was das Herausdrehen anbelangt, so geht man dabei
das Risiko ein, dass der Unterleib der Zecke abbricht und
ihr Kopf in der Haut stecken bleibt. Das liegt daran, dass
die Mundwerkzeuge symmetrisch sind. Am besten, man
zieht die Zecke langsam und gerade aus der Wunde heraus. Da sie in diesem Fall nur zwei Möglichkeiten hat –
nämlich sich entweder festzubeißen und dann unweigerlich auseinander gerissen zu werden oder loszulassen ,
wird sie sich instinktiv für die zweite Variante entscheiden.
Sie lockert also ihren Biss und lässt sich auf diese Weise ohne große Mühe und vor allem vollständig entfernen.

Epilog

Einige durchaus sinnvolle Regeln und Verbote

Alkohol

Trinke alkoholische Getränke nicht mit einem Strohhalm, sonst wirst du schnell betrunken!

Alkohol wird nicht – wie andere Nahrungs- und Genussmittel – erst im Dünndarm vollständig in den Körper aufgenommen, sondern geht zum Teil bereits über die Schleimhaut von Mund und Magen in die Blutbahn über. Je länger er im Mund verweilt, je intensiver also der Kontakt mit der Mundschleimhaut ist, desto größer ist dieser Anteil. Wer einen Schnaps oder ein anderes alkoholisches Getränk »kippt«, spürt die Wirkung daher später als derjenige, der ihn schön langsam Schluck für Schluck – oder im Fall des Strohhalms Zug für Zug – genießt.

Nach einer feuchtfröhlichen Nacht hilft ein Katerfrühstück!

Das stimmt deshalb, weil der Kater mit Brummschädel, Lichtscheu, Übelkeit und Nachdurst unmittelbare Folge eines starken Flüssigkeits- und Mineralstoffverlustes ist. Der Alkohol blockiert nämlich ein Hormon, das für die Rückgewinnung von Wasser in den Nierenkanälchen sorgt, woraufhin vermehrt Flüssigkeit ausgeschwemmt wird (daher der starke Harndrang). Außerdem entsteht bei seinem Abbau eine chemische Substanz namens Azetaldehyd, die in Verbindung mit dem Flüssigkeits- und Mineralstoffdefizit Schwindel, Kopfschmerz, Übelkeit, Erbrechen und Herz-Kreislauf-Beschwerden auslöst.

Wer daher ein deftiges Frühstück mit Rollmops, sauren Gurken und einer kräftigen Bouillon zu sich nimmt, führt dem Körper die verlorenen Mineralstoffe wieder zu. Und wenn er zudem große Mengen Mineralwasser – zur Not tut es auch Leitungswasser – trinkt, gleicht er den Flüssigkeitsverlust in kürzestmöglicher Zeit wieder aus.

Apfel

Einen Apfel darfst du vor dem Essen nicht schälen, unter der Schale sitzen die wertvollsten Bestandteile!

Es ist tatsächlich so: Bis zu 70 Prozent der Vitamine eines Apfels befinden sich in der Schale oder unmittelbar darunter. Zudem ist die Schale reich an Eisen, Magnesium, ungesättigten Fettsäuren und bioaktiven Substanzen. Deshalb sollte man den Apfel vor dem Verzehr nur waschen und trocknen, nicht aber schälen. Und wer das Kerngehäuse mitverzehrt, spendiert seiner Schilddrüse zudem noch eine Sonderration Jod.

Atmung

Atme nicht so hektisch, sonst wird dir schwindelig!

Bei übertrieben heftiger Atemtätigkeit – der Mediziner spricht von »Hyperventilation« – wird über die Lunge zu viel Kohlenstoffdioxid (Kohlensäure) abgegeben. Die Folge ist, dass das Blut rasch alkalisch wird und der Kalziumspiegel sinkt. Da Kalzium aber bei der Erregbarkeit des Nerven- und Muskelgewebes eine entscheidende Rolle spielt, führt sein Mangel zu Schwindelgefühl und schließlich im Extremfall zu Krämpfen, die bisweilen sogar mit Schmerzen verbunden sind. Charakteristisch ist dabei die so genannte »Pfötchenstellung« der Hände.

Einem Betroffenen kann man leicht helfen, indem man ihm die hohlen Hände vor den Mund hält oder – etwas radikaler – ihm kurz eine Plastiktüte über den Kopf stülpt, sodass er seine eigene kohlenstoffdioxidreiche Ausatemluft wieder einatmet und das Blut damit wieder ansäuert.

Brille

Wenn eine Schwimm- oder Taucherbrille nicht beschlagen soll, verreibe Spucke auf dem Glas!

Das funktioniert, weil das Beschlagen durch Kondensation von Feuchtigkeit auf dem vom Wasser abgekühlten Brillenglas zustande kommt, was wiederum darauf beruht, dass die durch das Wasser abgekühlte Luft nicht so viel Feuchtigkeit aufnehmen kann wie warme. Daran ändert grundsätzlich auch die Spucke nichts. Sie enthält jedoch Substanzen, die die Oberflächenspannung des Wassers herabsetzen, sodass keine undurchsichtige Flüssigkeitsschicht, sondern ein aus größeren Tropfen bestehender Niederschlag entsteht, der innen am Brillenglas herabläuft. Da Geschirrspülmittel denselben Effekt haben – man sieht das an gespülten Gläsern, an denen die Tropfen abperlen –, kann man statt Speichel auch ein paar Tropfen Pril, Fairy Ultra oder Palmolive im Inneren der Brille verreiben.

Durchfall

Gegen Durchfall helfen Cola und Salzstangen!

Cola und Salzstangen helfen bei schwerem Durchfall nicht etwa, weil sie eine medikamentöse Wirkung hätten und die Darmstörung direkt bekämpften, sondern nur, weil sie bestens geeignet sind, Folgeschäden zu verhüten. Das größte Risiko bei schwerem Durchfall besteht nämlich im massiven Flüssigkeits- und Salz- bzw. Mineralstoffverlust. Dies gilt insbesondere für Kinder, die weitaus schneller als Erwachsene in einen Zustand bedrohlicher Austrocknung geraten. Daher müssen sie rasch möglichst viel trinken und zudem das verlorene Salz wieder ersetzen. Und da die meisten Kinder Cola lieben und sich zudem gesüßte Getränke bei Durchfallerkrankungen als besonders verträglich erwiesen haben, ist Cola in derartigen Fällen ideal geeignet, dem Körper die verloren gegangene Flüssigkeit zurückzugeben. Da der braune Sprudel aber nicht den Mineralverlust beseitigt, ist unbedingt die zusätzliche Zufuhr von Salz erforderlich, beispielsweise in Form von Salzstangen, die fast überall erhältlich sind.

Durst

Trinke bei Hitze warme Getränke, die löschen den Durst besser!

Das Schlimmste an heißen, schwülen Tagen ist der Durst, der das Verlangen nach einem eiskalten Getränk manchmal fast übermächtig werden lässt. Doch so ein zischender Genuss hat einen entscheidenden Nachteil: Er kurbelt den Kreislauf an, erzeugt einen schwallartigen Schweißausbruch und führt rasch zu neuem Verlangen nach Flüssigem. Hinzu kommt, dass ein eisiger Guss für den Magen alles andere als vorteilhaft ist und bei empfindlicheren Naturen heftige Leibschmerzen auslösen kann. Wesentlich klüger gehen die Menschen in den heißeren südlichen Gegenden vor, und wir wären gut beraten, es ihnen nachzutun. Sie nehmen warme Getränke zu sich, und zwar schön langsam Schluck für Schluck. Das führt über eine Reaktion der Temperaturfühler im Körper zu leichter, aber konstanter Schweißproduktion, und dieses ständige moderate Schwitzen ist es, was unseren Körper am wirkungsvollsten abkühlt und damit auch den Durst bekämpft. Doch fast noch wichtiger als die Entscheidung »Warm oder kalt?« ist die Menge. An wirklich heißen Tagen sollte man gar nicht erst auf den Durst warten, sondern den ganzen Tag über mäßig, aber regelmäßig trinken. Zwei Liter sind dabei keinesfalls zu viel.

Einmachglas

Wenn du ein Einmachglas nicht aufbekommst, schlage mit der Hand auf den Boden!

Der Trick, vor dem Öffnen eines Einmachglases einmal kräftig auf den Boden zu schlagen, um das Behältnis leichter aufzubekommen, funktioniert tatsächlich. Allerdings sind sich die Experten nicht einig, warum. Mag sein, dass die Erschütterung den abdichtenden Gummiring lockert oder dass sich der Deckel infolge des Drucks des dagegen geschleuderten Inhalts geringfügig öffnet, sodass ein wenig Luft eindringt; möglich ist auch, dass durch den Schlag im Inhalt gelöstes Gas frei wird (so wie die Kohlensäure im Sekt). Das Ergebnis ist jedenfalls immer dasselbe: Der Unterdruck, der Deckel und Glas zusammenpresst, verringert sich. Folge: Das Glas lässt sich erheblich leichter öffnen.

Essen

Der Appetit kommt beim Essen!

Ursache des Phänomens scheint nach amerikanischen Studien ein vom Gehirn kontrollierter Mechanismus zu sein, der zu Zeiten, als unsere Vorfahren noch Jäger und Sammler waren, dazu beitrug, das Überleben zu sichern. Liegt der Anteil bestimmter Fette, der so genannten Triglyzeride, in der Ernährung nämlich über 30 Prozent, so aktivieren sie bestimmte Gehirnzentren, die den Hunger erst richtig ankurbeln und letztendlich dafür sorgen, dass sich das Fett in energiereichen, heutzutage jedoch eher lästigen »Pölsterchen« niederschlägt. US-Forscher fanden in Tierversuchen, dass die für den Appetit und die Gewichtsregulierung zuständigen Hirnregionen bei Mensch, Maus und Ratte verblüffend ähnlich aufgebaut sind. Sie entdeckten, dass bei den Tieren schon eine einzige schwere, fetthaltige Mahlzeit ausreicht, den Teufelskreis von Verlangen nach mehr und die Anlage von Fettreserven in Gang zu setzen.

Mit vollem Mund spricht man nicht!

Eines gleich vorweg: Diese Ermahnung hat primär nichts mit »Beim Essen spricht man nicht!« (→ Essen, S. 43) zu tun, einer Benimmregel, deren Sinn sich nur schwer erschließt und bei der es sich offensichtlich um ein Überbleibsel veralteten Höflichkeitsempfindens handelt. Schließlich kann man sich ja während einer Mahlzeit durchaus auch mit leerem Mund an der Unterhaltung beteiligen. Mit gefülltem sollte man dagegen besser schweigen. Denn zum einen ist es wahrlich kein schönes, ja, manchmal sogar ein ekelerregendes Gefühl, wenn man Zeuge der beim Gesprächspartner ablaufenden Brei-Werdung der Nahrung wird; zum anderen aber muss man beim Sprechen nun einmal Luft holen. Und das sollte man besser nicht mit gefülltem Mund tun. Anderenfalls besteht nämlich eine erhebliche Gefahr, dass ein Krümel oder ein Flüssigkeitstropfen in die Atemwege und damit in den Kehlkopf gelangt, was heftiges, von würgendem Husten begleitetes »Verschlucken« zur Folge hat. Und Husten mit gefülltem Mund ist für den Betroffenen und seine Gesprächspartner nun wirklich alles andere als erfreulich!

Ein voller Bauch studiert nicht gern!

Dass wir nach einer üppigen Mahlzeit träge herumhängen und selbst, wenn wir wollen, nicht in der Lage sind, etwas Neues in unseren Kopf zu bekommen, liegt daran, dass unser Blut im Körper keinesfalls gleichmäßig verteilt ist, sondern – ein durchaus sinnvoller Mechanismus – immer hauptsächlich dorthin fließt, wo es am dringendsten benötigt wird. Nach dem Essen befindet es sich deshalb zu einem großen Teil in den schwer arbeitenden Verdauungsorganen. Da aber die Gesamtblutmenge begrenzt ist, fehlt es nun an anderen Körperstellen, vor allem im Gehirn, was sich zuallererst in Form von Müdigkeit und vermindertem Antrieb bemerkbar macht. Manche gönnen sich dann das wohltuende Vergnügen eines kurzen Mittagsschläfchens, andere schwören auf moderate körperliche Betätigung. Beides ist zu befürworten (womit gleich noch der Wahrheitsgehalt der bekannten Regel »Nach dem Essen sollst du ruh'n oder tausend Schritte tun« bestätigt wäre).

Gewitter

Zieh bei Gewitter den Stecker des Fernsehers aus der Dose!

Das ist tatsächlich empfehlenswert. Denn bei Gewitter können über die Strom- oder Antennenleitung gefährliche Spannungsspitzen in das Gerät – egal, ob Fernseher, Stereoanlage oder Computer – gelangen, die die empfindliche Elektronik durchaus ruinieren können. Weit verbreitet ist der Irrtum, derartige Überspannungen entstünden nur bei direktem Einschlag eines Blitzes ins eigene Haus und ein Blitzableiter würde zuverlässig dagegen schützen. Vielmehr kann auch ein Blitzeinschlag in einigen Kilometern Entfernung beträchtliche Spannungsüberschreitungen im Stromnetz auslösen, die ohne weiteres stark genug sind, elektrotechnische Geräte zu zerstören. Für das Stecker-Ziehen spricht zudem die Tatsache, dass viele Hausratversicherungen wohl für Schäden durch unmittelbaren Blitzeinschlag, nicht aber für schädliche Folgen einer weitergeleiteten Überspannung aufkommen.

Schwimme bei Gewitter nie in einem See!

Der durchaus ernst gemeinte Rat erscheint deshalb unsinnig, weil im Wasser des Sees ja auch eine Menge Tiere schwimmen, denen das Gewitter offenbar nichts ausmacht. Wie ist das zu erklären?

Nun, das hängt damit zusammen, dass der Blitz besonders gern und häufig in den höchsten Punkt einschlägt. Und den stellt ein schwimmender Mensch auf einer größeren Wasserfläche nun einmal dar. Sicher ist auch eine dort paddelnde Ente gefährdet, doch die ist bei weitem nicht so voluminös und überragt die Umgebung nur geringfügig. Und was die Fische angeht, so sind vor allem diejenigen be-

144

droht, die unmittelbar unter der Oberfläche oder nahe der Einschlagstelle schwimmen. Je tiefer oder weiter vom Ort des Einschlags entfernt ein Mensch oder Tier sich im Wasser aufhält, desto geringer ist das Risiko eines Schadens. Das liegt daran, dass sich die elektrische Energie im gut leitenden Wasser in alle Richtungen verteilt und dabei rasch abnimmt. Wer daher bei einem aufkommenden Gewitter weit vom Ufer entfernt ist, sollte dieses möglichst schnell und – wenn bereits die ersten Blitze zucken – weitgehend tauchend zu erreichen versuchen.

Hose

Trage als Junge nicht zu enge Hosen, die machen impotent!

Die Gefahr besteht weniger darin, dass hautenge Jeans die Fähigkeit des männlichen Gliedes beeinträchtigen, sich zu versteifen, sondern vielmehr in der möglichen Störung des Temperaturaustausches, wodurch die Geschlechtsorgane erheblich zu warm werden. Hohe Temperatur kann nämlich die Spermienreifung negativ beeinflussen, sodass Anhänger extrem dicht sitzender Hosen möglicherweise keine Kinder mehr zeugen können. Auch dabei handelt es sich um eine Form der Impotenz, die der Mediziner »Impotentia generandi«, d. h. Unfähigkeit, sich fortzupflanzen, nennt.

Käse

Käse schließt den Magen!

Der viel zitierte Ratschlag, eine Mahlzeit mit Käse zu beenden – er stammt angeblich von Plinius, einem römischen Schriftsteller aus dem ersten Jahrhundert nach Christus –

hat durchaus etwas für sich. Käse enthält nämlich eine Reihe von Fettsäuren, die, nachdem sie in den Dünndarm gelangt sind, dort die Ausschüttung hormonähnlicher Stoffe bewirken. Und eine dieser Substanzen mit dem komplizierten Namen Enterogastron hemmt die Bewegung des Magens und schließt dessen Ausgang. Folge: Die Magenentleerung wird erheblich verzögert, und das Sättigungsgefühl hält länger an. Das funktioniert auch, wenn man Käse tatsächlich als letzten Gang einer üppigen Mahlzeit verzehrt, da er im Magen mit dem zuvor Gegessenen vermengt und als Bestandteil des Speisebreis in winzigen Portionen nach und nach in den Zwölffingerdarm weitertransportiert wird.

Knoblauch

Wenn dich der Knoblauchgeruch bei einem anderen stört, iss selber Knoblauch!

Dass der einfache Trick funktioniert, liegt daran, dass wir uns relativ schnell auch an im Grunde unangenehme Gerüche gewöhnen (→ Mundgeruch, S. 88) und sie nach einiger Zeit nicht mehr wahrnehmen. Wenn wir Knoblauch gegessen haben, strömt nicht nur unsere Atemluft, sondern auch der Schweiß, den wir ständig absondern, den typischen Geruch aus; kurz: Wir sind die ganze Zeit von einer mehr oder minder abstoßenden Duftwolke umgeben. Aber, so, wie wir den stechenden Gestank von Löwen und Tigern im Raubtierhaus eines Zoos nach einer gewissen Gewöhnungszeit nicht mehr wahrnehmen, so empfinden wir auch den eigenen Körpergeruch, der uns ständig umwabert, nicht mehr als unangenehm. Da ist es nur logisch, dass uns dieselbe Ausdünstung bei anderen auch nicht stört.

Lachen

Lachen ist gesund!

Wissenschaftler haben ermittelt, dass herzhaftes Lachen zahlreiche Stoffwechselvorgänge äußerst positiv beeinflusst. Unter anderem konnten sie in aufwändigen Versuchen beweisen, dass Lachen die Atmung aktiviert, das Herz-Kreislauf-System in Schwung bringt, die Durchblutung der Muskulatur verbessert, Stresshormone abbaut, die Verdauung anregt, das Immunsystem stärkt und die Ausschüttung von »Glückshormonen«, so genannten »Endorphinen«, fördert. Allerdings hat Lachen nur dann den gewünschten Effekt, wenn es ohne bewusste Anspannung gleichsam von innen heraus kommt, was sich bis zu einem gewissen Grad in speziellen »Lachseminaren« trainieren lässt.

Mittagsschlaf

Ein kurzer Mittagsschlaf erfrischt mehr als ein langer!

Dass man sich nach einem viertelstündigen Mittagsschlaf frischer fühlt als nach einem, der mehrere Stunden dauert, liegt daran, dass der Schlaf aus unterschiedlichen Phasen besteht und wir bei einem kurzen Nickerchen von zehn bis höchstens zwanzig Minuten (einer »Siesta«) über die erste, die Einschlafphase, nicht hinauskommen. Ruhen wir dagegen wesentlich länger, so gleiten wir unwillkürlich in einen Tiefschlaf hinein, bei der der Blutdruck absackt und der Kreislauf weitgehend zur Ruhe kommt. Aus einer solchen Tiefschlafphase erwachen wir aber nur sehr schwer und, wenn überhaupt, in einem sehr benommenen Zustand, den man als »Schlaftrunkenheit« bezeichnet. Deshalb ist es keinesfalls verkehrt, statt im abgedunkelten

Schlafzimmer lieber an einem Ort zu schlummern, an dem man auch einmal gestört wird, sodass kein allzu tiefer Schlaf möglich ist, oder vorher eine Tasse Kaffee zu trinken, die denselben Effekt hat.

Nase

**Wenn du etwas schlucken musst,
was dir nicht schmeckt, halte dir die Nase zu!**

Dass sich durch Zuhalten der Nase die Geschmacksempfindung ganz erheblich herabsetzen lässt, liegt am überaus engen Zusammenwirken von Geschmacks- und Geruchssinn. Denn letztendlich schmecken wir nicht mit der Zunge, sondern mit dem Gehirn. Dieses verknüpft die von Nase und Mund gelieferten Informationen zu einem komplexen Gesamteindruck, der uns – individuell höchst verschieden – entweder zusagt oder missfällt. Man kann also getrost behaupten, dass wir die Speisen fast ebenso sehr mit der Nase wie mit dem Mund schmecken. Das wird deutlich, wenn Essen unangenehm riecht; dann vergeht uns sofort der Appetit, und wir spüren keinerlei Verlangen mehr, es zu probieren. Auch nicht mit zugehaltener Nase.

Reh

**Fasse nie ein Rehkitz an,
sonst nimmt die Mutter es nicht mehr an!**

Weibliche Rehe bringen ihre Jungen – meist zwei Stück – normalerweise zwischen Mitte Mai und Mitte Juni, und zwar in der Regel in waldnahen Wiesen zur Welt. In den folgenden Tagen besuchen sie ihren Nachwuchs immer wieder, lassen ihn aber den größten Teil der Zeit allein, um

Feinden nicht den Aufenthaltsort zu verraten. Nähert man sich so einem winzigen, gefleckten Rehkitz, dann vermag es in den ersten zwei Wochen eines nicht, was es später gleichsam reflexartig tut, nämlich weglaufen. Vielmehr drückt es sich fest an den Boden und bietet damit einem Spaziergänger, der zufällig darauf stößt, das Bild eines bedauernswerten Jungtieres, das seine Mutter verloren hat. Doch Finger weg! Wer es in falsch verstandener Tierliebe anfasst und vielleicht sogar streichelt, riskiert, dass die Rehmutter es wegen des bedrohlichen menschlichen Geruchs nicht mehr annimmt und elend verhungern lässt. Und das ist bestimmt nicht der Zweck der scheinbar »tierfreundlichen« Aktion.

Rotwein

Wenn du Rotwein verschüttet hast, streue Salz darauf!

Ein Rotweinfleck lässt sich tatsächlich einfach entfernen, wenn man unmittelbar nach dem Verschütten Salz darauf gibt. Das saugt nicht nur die Feuchtigkeit, sondern vor allem auch die Farbpigmente aus dem Stoff. Nach einer etwa halbstündigen Einwirkzeit kann man den Fleck normalerweise problemlos auswaschen. Vorsicht ist allenfalls bei Samt und Seide geboten, weil das Salz bei diesen Stoffen bleibende Farbschäden hervorrufen kann.

Stress

Bei Hektik und Stress erst mal tief durchatmen!

Tief durchatmen hat deshalb einen wohltuenden Effekt, weil die Atmung zwar ebenso wie Herzschlag, Verdauung und Drüsentätigkeit unbewusst abläuft, jedoch im Gegensatz zu diesen willentlich beeinflussbar ist. Wenn also durch Stress und Hektik ausgelöste Reaktionen dafür sorgen, dass sich die Atemmuskeln verkrampfen und der Körper nicht mehr ausreichend Sauerstoff erhält, dann können wir diese Spirale sich gegenseitig verstärkender unangenehmer Erscheinungen bewusst durchbrechen. Doch tiefes Durchatmen führt nicht nur dazu, dass der Organismus besser mit Sauerstoff versorgt wird, sondern veranlasst ihn obendrein, stimmungsaufhellende Hormone – so genannte »Endorphine« – auszuschütten. Bereits fünf bis sechs bewusste, langsame und tiefe Atemzüge reichen aus, zu Hektik und Stress eine spürbare Distanz zu schaffen.

Bist du im Stress, geh' eine Runde joggen!

Viele Jogger oder Hobbyradfahrer schwören darauf, dass regelmäßig betriebener Sport nicht nur Herz und Kreislauf stärkt, sondern auch erheblich dazu beiträgt, mit familiärem und besonders beruflichem Stress leichter fertig zu werden. Und dabei handelt es sich keinesfalls um Einbildung: Denn zum einen produziert der Organismus bei länger andauernder sportlicher Aktivität so genannte »Endorphine« – volkstümlich auch »Glückshormone« genannt –, die stimmungsaufhellend wirken und dadurch stressbedingte Aggressionen effektiv bekämpfen. Zum anderen fördert länger dauernde körperliche Betätigung direkt den Abbau des in der Nebennierenrinde produzierten Stresshormons Cortisol. Dadurch werden Gesundheitsschäden, die durch die innere Anspannung entstehen können, gleich im Ansatz gehemmt und können sich weit weniger nachteilig auswirken als bei Nichtsportlern.

Tee

Tee, der kurz zieht, macht munter,
Tee, der lange zieht, macht müde!

Die Regel klingt unlogisch, entspricht aber den Tatsachen. Schuld sind die verschiedenen Inhaltsstoffe des Tees, die beim Ziehen unterschiedlich schnell in das kochende Wasser übergehen. Beim munter machenden Koffein geht das relativ rasch, bereits nach etwa zwei Minuten ist der größte Teil davon im Tee vorhanden. Danach dauert es eine Weile, bis die sich nur langsam aus den Teeblättern lösenden Bitterstoffe einen Großteil des Koffeins an sich binden und seine Wirkung zunichte machen. Folge: Der Tee wirkt nun nicht mehr aufputschend, sondern im Gegenteil eher beruhigend und entspannend.

Trinken

In großen Höhen musst du sehr viel trinken!

Da kalte Luft viel weniger Feuchtigkeit aufnehmen kann als warme, wird die Luft mit steigender Höhe und abnehmender Temperatur zunehmend trockener, was zur Folge hat, dass der Körper die Feuchtigkeit, die er bei jedem Ausatmen abgibt, beim Einatmen nicht zurückbekommt.
Der dadurch bedingte Flüssigkeitsverlust kann in extremen Höhen bis zu sechs Liter am Tag ausmachen. Deswegen ist jeder Bergsteiger, der hoch hinaus will, gut beraten, ständig – auch gegen seinen eigentlichen Willen – zu trinken.

Tut er das nicht, dickt das Blut rasch ein und kann vom Herz nicht mehr durch den Körper gepumpt werden. Das hat Erfrierungen in den schlecht durchbluteten Händen und Füßen zur Folge und führt bald darauf unweigerlich zum Tod.

Trinke niemals Meerwasser, daran kannst du sterben!

Meerwasser enthält etwa drei Prozent Salz, unser Körper ist jedoch bestenfalls in der Lage, die Salzkonzentration in Schweiß und Urin auf zwei Prozent zu steigern. Trinken wir größere Mengen Meerwasser, so kann der Organismus das Salz nicht mehr über seine Ausscheidungen loswerden. Es sammelt sich in immer größeren Mengen an, löst trotz Wasseraufnahme schrecklichen Durst aus und hat schließlich eine tödliche Salzvergiftung zur Folge.

Verschlucken

Schlage jemandem, der sich verschluckt hat, kräftig auf den Rücken!

Der für das Verschlucken typische würgende Hustenreiz wird von Fremdkörpern ausgelöst, die in die Luftwege geraten sind und im Kehlkopf die Stimmbänder berühren. Der Körper versucht dann automatisch, den Eindringling mit druckvoll ausgestoßener Luft wieder loszuwerden. Oft ist es aber so, dass der Atemstrom den an der Schleimhaut klebenden Fremdkörper gar nicht erreicht. Dann kann es hilfreich sein, dem Betroffenen nicht zu zart auf den Rücken zu schlagen, weil die so ausgelöste Erschütterung das störende Teilchen in den Luftstrom schleudert, mit dem es dann ausgehustet wird.

Zimmerpflanzen

Gieße Zimmerpflanzen immer
mit abgestandenem Wasser!

Zugegeben, die meisten Pflanzen vertragen ohne weiteres auch frisches Leitungswasser, solange es nicht gerade eiskalt ist. Wenn oft empfohlen wird, zum Gießen Wasser zu nehmen, das schon eine Weile gestanden hat, dann vor allem wegen des Kalkgehalts, der sich zum Teil an der Innenseite der Kanne ablagert. Etliche Pflanzen, vor allem Azaleen und Orchideen, sind nämlich gegen Kalk recht empfindlich und reagieren darauf mit anhaltenden Wachstums- und Blühstörungen.

Quellenverzeichnis

Bücher:

Bonneau, Elisabeth: Achtung, Fettnäpfchen
Oesch-Verlag, Zürich, 2002.

Brater, Jürgen: Lexikon der rätselhaften Körpervorgänge
Eichborn-Verlag, Frankfurt, 2002.

Brater, Jürgen: Lexikon der Sexirrtümer
Eichborn-Verlag, Frankfurt, 2002.

Brockhaus: Merkwürdiges, Kurioses und Schlaues
Brockhaus-Verlag, Leipzig, 1997.

Buhlmann, Klaus: Perfekt Auto fahren
Motorbuch-Verlag, Stuttgart, 2003.

Das kleine Lexikon: Unglaubliche Lügen und Irrtümer
Compact-Verlag, München, 2000.

Drösser, Christoph: Stimmt's? – Moderne Legenden im Test
Rowohlt-Taschenbuch-Verlag, Reinbek, 1998.

Gebauer-Sesterhenn, Villinger: Schwangerschaft und Geburt
Gräfe und Unzer-Verlag, München, 2001.

Gutes Benehmen heute
Gondrom-Verlag, Bindlach 2001.

Hanisch, Horst: Kulinarischer Knigge
Bassermann-Verlag, München, 2001.

Hermes, Simrock: Die deutschen Sprichwörter
Patmos-Verlag, Düsseldorf, 2003.

Hummel, Volker: Das Buch der deutschen Ermahnungen
Eichborn-Verlag, Frankfurt, 1997.

Köhler, Peter: Basar der Bildungslücken
Verlag C. H. Beck, München, 2000.

Krämer, Trenkler: Lexikon der populären Irrtümer
Eichborn-Verlag, Frankfurt, 1996.

Lauer, Pat: Das Ei des Kolumbus und andere Irrtümer
Orbis-Verlag, München, 2000.

Mister Q.: 25.000 Dinge, die verblüffen
Bertelsmann Lexikon-Verlag, 2003.
Montignac, Michel: Gesund mit Schokolade
Artulen-Verlag, Offenburg, 1996.
O'Neill, Amanda: Hunde
Tessloff-Verlag, Nürnberg, 2002.
Pollmer, Warmuth: Lexikon der populären Ernährungsirr-
tümer
Eichborn-Verlag, Frankfurt, 2000.
Prinz, Müsseler: Allgemeine Psychologie
Spektrum Akademischer Verlag, Heidelberg, 2002.
Röhricht, Tom: Kurioses aus aller Welt
Ullstein Taschenbuch-Verlag, München, 2001.
Schönfeldt, Sybil, Gutes Benehmen gefragt
Mosaik-Verlag, München, 1995.
Schremmer, Michaela: Küchentipps und Pannenhilfe
Gräfe und Unzer-Verlag, München, 2002.
Seidl, Conrad: Bier-Katechismus
Deuticke-Verlag, Wien, 1999.
This-Benckhard, Hervé: Rätsel der Kochkunst – naturwis-
senschaftlich erklärt
Springer-Verlag, Heidelberg, 1998.
Tschernjak, Rose: Die Hühnchen von Minsk
Rowohlt-Verlag, Berlin, 2001.

Internet-Seiten:

http://www.1a-europaweine.de
http://www.ahrland.de
http://www.aischgruender-karpfen.de
http://www.almeda.de
http://www.aluflex.de
http://www.amica.de
http://www.ammenmarchen.de
http://www.apothekennachrichten.de
http://www.astro.univie.ac.at
http://www.benehmen.de

http://www.benimm-dich.info
http://www.biosaffair.de
http://www.blitzschutzbau.at
http://www.brueckenbauer.ch
http://www.bueger.de
http://www.carechannel.de
http://www.deam.de
http://www.detlev-mahnert.de
http://www.deutsche-top-adressen.de
http://www.dradio.de
http://www.elektrocheck.ch
http://www.elektrolytmangel.de
http://www.erzeugermarkt.de
http://www.familie.de
http://www.familienhandbuch.de
http://www.faqs.org
http://www.fitforfun.de
http://www.foodnews.ch
http://www.fortunecity.de
http://www.fragenohneantwort.de
http://www.fu-berlin.de
http://www.gesundheit.de
http://www.gesundheitspilot.de
http://www.gesund-leben.de
http://www.getwellness.ch
http://www.google.de
http://www.handelsblatt.com
http://www.hktseminar.de
http://www.ijon.de
http://www.jannicke.de
http://www.juppidu.de
http://www.karlsruher-rueckenschule.de
http://www.klimabuendnis.at

http://www.komma-net.de
http://www.kstv-ravensberg.de
http://www.lifeline.de

http://www.med.primasoft.bg
http://www.medical-tribune.de
http://www.medizinfo.com
http://www.megspace.com
http://www.meisterkoch-rezepte.de
http://www.metalltechnik-online.de
http://www.migros.ch
http://www.mirena.de
http://www.mittelalternetzwerk.de
http://www.m-ww.de
http://www.mypage.bluewin.ch
http://www.naturheilbund.de
http://www.netdoktor.at
http://www.oebvhpt.at
http://www.oeko-energie.de
http://www.oeko-steuer.de
http://www.offermanns-web.de
http://www.optipage.de
http://www.pappa.com
http://www.pm-magazin.de
http://www.rhein-main.blitzschutz.com
http://www.rp-online.de
http://www.sjoe.at
http://www.spargelseiten.de
http://www.stuttgart.de
http://www.surfmed.de
http://www.swr-online.de
http://www.tippscout.de
http://www.typcolor.de
http://www.umweltberatungluzern.ch
http://www.uni-muenster.de
http://www.verbund.at
http://www.verkehrsclub-deutschland.de
http://www.w-akten.de
http://www.wdr.de
http://www.winestore.de

http://www.wissenschaft.de
http://www.wolfgang-schmitz.de
http://www.womanweb.de
http://www.yavivo.lifeline.de
http://www.yopi.de
http://www.zeit.de

Woher nimmst du nur diese Energie!

Jürgen Brater
Mehr Power!
Woher unsere körperliche
und geistige Energie kommt
Ca. 320 Seiten · gebunden/Schutzumschlag
€ 19,95 (D) · sFr 33,90 · € 20,60 (A) ISBN
978-3-8218-5676-6

Warum bringt uns, wenn wir schlapp und
erschöpft sind, ein Anruf des Geliebten wieder
auf Hochtouren? Warum erfrischt kein Trauben-
zucker, sondern nur Schlaf, wenn wir richtig
müde sind? Warum sind wir nach dem Essen
träge, obwohl unsere Energiereserven gerade
gefüllt wurden?

Die Power, die uns antreibt, birgt jede Menge
Rätsel. Der Mediziner Jürgen Brater versucht,
sie mit Hilfe neuester wissenschaftlicher Erkenntnisse zu lösen und zeigt, wie man immer
genügend Power hat, wenn man sie braucht.

Eichborn

Kaiserstraße 66
60329 Frankfurt/Main
Tel. 069/25 50 03-0
Fax 069/25 60 03-30
www.eichborn.de

Wir schicken Ihnen gern ein Verlagsverzeichnis.